产教深度融合背景下高校教育发展创新与实践研究

郑 玥 王 革 刘华艳◎著

吉林文史出版社

图书在版编目（CIP）数据

产教深度融合背景下高校教育发展创新与实践研究 / 郑玥，王革，刘华艳著． -- 长春：吉林文史出版社，2023.1

ISBN 978-7-5472-9209-9

Ⅰ．①产… Ⅱ．①郑… ②王… ③刘… Ⅲ．①高等教育－教学研究－中国 Ⅳ．① G649.21

中国国家版本馆 CIP 数据核字（2023）第 014350 号

CHANJIAO SHENDU RONGHE BEIJINGXIA GAOXIAO JIAOYU FAZHAN CHUANGXIN YU SHIJIAN YANJIU

书　　名　产教深度融合背景下高校教育发展创新与实践研究
作　　者　郑　玥　王　革　刘华艳
责任编辑　陈　昊
出版发行　吉林文史出版社有限责任公司
地　　址　长春市福祉大路 5788 号
印　　刷　北京四海锦诚印刷技术有限公司
开　　本　185mm×260mm　1/16
印　　张　10.25
字　　数　226 千字
版　　次　2023 年 1 月第 1 版　2023 年 1 月第 1 次印刷
定　　价　52.00 元
Ｉ Ｓ Ｂ Ｎ　978-7-5472-9209-9

前　言

现阶段，我国高等院校在信息化、数字化发展中，逐渐认识到创新及改进人才培养模式的必要性与重要性，并将人才培养的创新机制作为院校应对新时代挑战的新路径与新方法，进而使高校在教育教学与服务当地经济的过程中，发挥出应有的推进作用。而深化高等教育改革，促进现代教育发展，完善培训体系与职业教育，深化产教融合，是新时期对高等院校的主要要求与基本标准。高校应将主要精力集中到人才培养与课程体系的创新上，并将专业教育与社会发展相融合，将推动社会经济发展作为高等教育的风向标，进而引领高校课程教育方向、改革方向，缩短社会发展与专业教育之间的差距，培养出符合社会发展要求的专业型人才，进而为本地经济的快速发展提供坚实的动力。

鉴于此，笔者撰写了《产教深度融合背景下高校教育发展创新与实践研究》一书，在内容编排上共设置六章：第一章作为本书论述的基础与前提，分析产教融合的理论审视与发展意义、新时代高校教育的发展与创新思路、基于共享发展的高校教育与产业深度融合；第二、三章基于高校教育体系的发展，探讨产教深度融合背景下高校教育支持体系的建立、产教深度融合背景下高校教育的发展与优化；第四至六章站在实践的角度，研究产教深度融合背景下高校校企一体化办学发展、产教深度融合背景下高校教育的行业学院模式、产教深度融合背景下高校应用型课程创新。

本书具有以下特点：

第一，以实用性为牵引，科学合理安排章节内容。本书从基础的角度切入，对全书的整体架构、章节内容做了科学编排，较为系统地讲解了产教深度融合背景下高校教育发展的具体策略。

第二，语言表述力求通俗易懂，简明扼要。本书内容的安排遵循从易到难、循序渐进的原则，深入浅出地讲解了高校教育发展实践中的产教深度融合策略，可读性较强。

笔者在撰写本书的过程中，得到了许多专家学者的帮助和指导，在此表示诚挚的谢意。由于笔者水平有限，加之时间仓促，书中所涉及的内容难免有疏漏之处，希望各位读者多提宝贵意见，以便笔者进一步修改，使之更加完善。

作者

2022 年 6 月

目 录

第一章　产教深度融合背景下高校教育理论与发展

第一节　产教融合的理论审视与发展意义

一、产教融合的理论审视

（一）产教融合的提出依据

产教融合作为一个新出现的相关构想，最早由高等职业院校根据其人才培养特点提出，现在已经扩展到各个层次的教育之中。例如，江苏无锡市技工学校是最先提出产教融合的典型代表，之所以提出产教融合与学校自身的发展探索密不可分，在办学过程中结合人才培养的特殊性和时效性，学校对已有的教学方案和人才培养进行了专门的改革，希望寻求与生产实习紧密结合的产品，以提高学生的产教融合的水平意识、产品意识、时间观念及动手能力。这是职业教育第一次提出了产教融合这一全新的相关构想，产教融合非常符合时代发展要求和人才培养要求，已经逐渐成为各个层次人才培养中的重要理念。

之后，产教融合逐渐引起了教育界的关注，成为关注的重点。产教融合的相关构想是一个从无到有、从模糊到具体的过程，这符合事物发展的一般规律，更加符合教育发展的规律。在教育体系中，产教融合的两个主体是学校与产业行业，通过产学研一体化的深度合作，可以提高人才培养产教融合的水平，从而实现双赢。传统的人才培养中，学校也非常重视校企之间的合作与协同培养，但是校企合作的层次有限，无法实现深度的人才培养和发展。

产教融合与校企合作的最大区别主要还是在于双方合作的程度，产教融合的形式多种多样，最核心的就是双方要形成稳定、高效、深层次的合作关系，通过提升人才培养产教融合的水平促进企业发展和办学实力的提升。有的产教融合助推校企双方建立新的实体创新人才培养模式，也有的产教融合侧重研发和学术升级。无论哪种形式的产教融合最终都会提升学生的个人素养和就业能力，企业也因此获得了更多宝贵的人才，缩短了人才与企业之间的磨合期。最终所能产生的连锁效应会不断助推区域经济向前发展，从而实现共赢。产教融合让越来越多的用人单位和学校看到了机会和希望，也愿意参与到其中，所以产教融合的发展也逐渐进入了快车道。

传统的产教融合指的是高等职业院校把所开设的专业进行市场经济产业化发展，把产业发展的经验和技术引入教学之中，通过产业与教学之间的融会贯通强化学校和企业之间的合作关系，从而优化传统的办学模式。高等职业院校的产教融合进行得彻底和全面，容易获得企业的认同。虽然高等职业院校在产教融合方面取得了比较好的成绩，但是不同地区、不同类型的高等职业院校存在着比较大的差异。经过实践探索，不同地区学校也探索出了丰富的产教融合经验，这些经验具有比较强的地方性和产业性。

产教融合对于学生、学校、产业和社会来说是一个多方共赢的机制，尤其是对于学生来说，既能够提升专业能力又能够为以后立足社会提供保障。传统的高等职业院校虽然给学生提供了实习的条件和场所，但是由于各种条件的限制导致了实习缺乏针对性和激励性。产教融合中有大量的实习、实践机会，而且这种实践是经过专门设计的、有针对性的与在校期间所学知识融会贯通的实践。传统的高等职业院校学生实践比较缺乏针对性，学生所学与所用之间无法更好地实现无缝对接，而产教融合能够弥补传统实践存在的问题。

产教融合的学生实践就是把课堂所学到的知识应用到实践之中，在课程设计上就存在着对应性，这是一个很好的现象。产教融合会涉及每一门课程，从专业培养目标入手，学校与企业在充分合作的基础上共同制定培养目标以及课程标准。所涉及的骨干课程均是理论与实践高度相结合，这就可以让学生带着问题学知识，并且在实践中解决问题，形成了一个遇到问题、解决问题的良性循环。通过产教融合培养出来的学生，在动手能力和解决问题的能力方面具有更强的优势，他们可以更加灵活地对问题进行分析并且选择合理的方式进行解决。这种人才培养模式的改变还在很大程度上改善了学生的世界观、人生观和价值观，从而培养出更多的优秀人才。此外，产教融合还会激发出学生创造、创新的愿望和热情，激励他们在实践中不断探索、不断创新，而这种创新意识、创新能力、创新人才的培养正是我们高等教育的办学方向。

产教融合不仅可以让企业参与其中，而在有条件的学校，也可以自己创办企业，以学生为主体进行发展；学生在整个过程中可以取得一定的报酬，这客观上也为学生工读结合、勤工俭学创造了条件，还能够解决贫困学生的学费和生活费用问题，为部分学生提供支持和保障。产教融合在更大层面上能够为助推地方经济发展提供专门的服务，因为很多高等职业院校多为地方性的，其最主要的作用就是服务于地方经济发展。当前的高等教育是以就业为导向的教育，在现代社会以培养技能型人才为主要目标，技能型人才的特点非常明显，培养的是生产、建设、管理和服务第一线需要的高技能人才。这类人才具有鲜明的职业性、技能性、实用性等岗位特点，属于工作在第一线，懂技术、会操作、能管理的技术员。

产教融合的重要参与对象是企业，在融合的过程中要格外注重对企业需求的满足。只有充分调动企业的积极性和资源才能实现产教融合效果的最大化，当前进行产教融合的企业多数为生产制造型企业，这对学校提出了新的要求，学校也应针对企业所需的产品与技术进行开发，以实现学校培养人才、研发产品和技术服务的三大功能。为使企业需求与学校教学无缝衔接，与技术发展方向合拍，就必须依靠和吸收企业技术骨干、学者专家参与培养目标的研讨、教学计划的制订。

产教融合的基础是"产"，即必须以真实的产品生产为前提，在这样的基础和氛围中进行专业实践教学，学生才能学到真本领，教师才能教出真水平。这样的"产"不能是单纯的工厂生产，必须与教学紧密结合，其目的是"教"，在产教融合比较成熟的情况下，再逐步向"产、学、研"发展。学校真正形成了"产、学、研"的能力，职业院校适应了市场的需要，形成的发展能力就落到了实处，做强做优也就有了基础。

（二）产教融合的基本特征

产教融合经过了多年的发展取得了一些经验，早期的产教融合以校企合作的形式存在，其中几个典型模式分别是学院＋创业中心区、专业＋大型企业、专业＋龙头企业＋企业联盟、专业＋校办企业、专业＋行业协会等，这五种模式都是高等职业院校结合当地经济发展而创造出来的，具备了初步的产教融合特性。这些模式都不同程度地促进了职业教育的发展和产教融合的深入，但主要侧重于产学结合，结合的内容没有达到产教融合的广度，也没有体现职业教育的高度和校企合作的深度，整体生态不能达到产教融合的效果，其成功经验也难以推广和复制。

为适应产业结构的不断调整和变化，产教融合必须是行业、产业、企业和院校等多方主体活动特点的融合和体现，并具有新的特征，主要包括以下方面：

1. 高层次立体式的特征

现代社会追求的是多元化，产教融合服务于市场经济，所以其发展的路径也必然要受到市场经济的影响。产教融合在发展中也更加注重立体式的融合。立体式融合区别于平面融合，从融合的层次来说校企合作属于层次比较低的融合，也就是平面融合。产教融合是高层次的融合，换言之是立体式的融合，它打破了原有单一合作或双项合作的局限，在产、学、研三方面进行全面、深入的合作，融合后的组织结合了生产、教学和科研的特点，不仅自身是生产的主体，具有企业创造经济效益的功能，而且能提供产业发展需要的专业技术人才，为产业的可持续发展提供源源不断的智力支持。

通过对比产教融合培养出来的人才与传统模式培养出来的人才，就可以发现二者存在着比较大的差异，产教融合模式下培养出来的人才具备更强的可持续发展能力。企业的需求也能为学校的教育教学改革提供方向和目标，保证了职业教育能满足行业需要。融合的组织能科学配置内部资源并开展基础研究、应用研究和开发性研究，为产业发展提供有力的技术支持，为学校教育内容的更新提供最前沿的信息资源，保证了教育与时俱进。三者融合在一起，形成一个良性的循环体系，开展教学、科研、生产等服务活动，在促进内部发展的同时，不断向外辐射，发挥其更大的社会效应和作用。这种立体式的融合对于经济发展和社会进步都有着重要的助推价值，反过来也促进了教育的发展和进步。

2. 面向市场需求的特征

市场经济产业化发展是指某种产业在市场经济条件下，以行业和企业的真实需要为导向、以实现效益为目标、依靠专业服务和产教融合的水平管理形成的系列化和品牌化的经营方式和组织结构，其基本特点是：面向市场、行业优势、规模经营、专业分工、相关行业配合、龙头带动、市场化运作。对于不符合市场需求的项目，要遵循市场进退机制，及时终止不必要的投入，避免产教融合运作过程中机制的片面性。所以，市场经济产业化发展的产教融合是一种面向市场需求的融合，在产、学、研三方面做大做强，分工合作，强强联合，能创造出良好的市场发展前景，具备其他组织无法复制的竞争优势，形成自己的品牌，在市场中具备核心竞争力，并且能形成一定的规模，带动其他合作项目不断深入开展，严格按照市场规律来开展活动。

3. 以企业需求为出发点的特征

教育是以培养人才为主要目标的，产教融合在培养目标方面领先于传统的教育，产教融合的出发点是企业的需求。企业参与到人才培养的全过程之中，能够将自身的需求以最大化的形式表达出来，并且在课程设计中逐个满足。传统的职业教育产教融合实践过程中，双方在合作的早期未找到能够让彼此共赢的路径，违背了市场经济的需求导向。真正实现产教融合的组织，能够以企业、学校和相关合作部门的需求为前提，结合各种市场正在发生的变化，明确市场的供需状况，确定各自的实际需求，寻求利益结合点开展相关合作。在满足自身需求的同时，能为市场的供给和需求的均衡做出一定的贡献，并能根据供给和需求的均衡变化，调整自己的需求发展战略，这样不仅解决了合作的随意性、被迫性问题，也提高了合作双方的积极性与主动性。

4. 多主体管理式的特征

产教融合就是一个重新确立组织主体地位的过程，也是在市场经济条件下产教融合活动获得法治保障的关键要素。以往很多的校企合作活动难以实现产教融合的关键原因，主要还是在于没有明确各个主体之间的权利和义务关系，关系的不明确导致了合作的问题，从而影响了校企合作的发展。产教融合的主体正在悄然之间发生着变化，已经从学校转移到了企业和行业，这种变化既与当前的社会发展有关，也与教育的进步有关。正是基于此，在有效的产教融合组织中，学校、企业、政府、行业协会等分工合作、共同管理，在开展任何活动之前，都应明确各自的权利和义务，并对其后果承担最终的法律责任。这样不仅可以增强企事业单位对此项工作的责任意识，发挥其主人翁地位，也可以让学校和合作单位在活动中的管理工作更为合法、有序，有利于产教融合管理工作。

（三）产教融合的构建原则

产教融合的发展已经逐渐由萌芽发展成了一个成熟的制度，产教融合制度包括了教育、经济、产业和社会发展制度，这些制度只有协同发展才能发挥最大的效应。成功的产教融合制度将构建政府、学校和社会三方新型合作与成长关系，通过这种协同促进形成政府对产教融合进行宏观管理、学校能够自主办学、社会广泛参与的全新产教融合格局，支持社会、行业、企业以资本、知识、技术、管理等要素参与举办职业教育，从而建立健全社会参与、办学主体多元、办学形式多样、充满生机的办学体制，具备政府、行业、企业和学校等多方主体协同融合，推进校企全过程培养人才的特点。根据产教融合的特点，其构建原则主要包括以下方面：

1. 多主体原则

产教融合需要多个主体参与其中，这个原则已经被证明为一个很重要的原则，主要涉及政府、学校、行业与企业、学生、社会五大主体。全社会要通过舆论的倡导和创业文化的弘扬，促进整个社会民众的心理意识、思想观念、行为准则、习惯以及价值观的转换。同时，让社会力量参与教育督导评估工作，形成全社会的推进合力。作为推进校企一体化协同育人模式的另一个执行主体，社会力量应该与学校对接，形成两个执行主体的合力。需要改革校企共建的就业前实践的专门基地建设机制，从资金、设备、场地上为学生创业实践提供硬件条件，使其在现代企业管理的真实环境中掌握市场经济运作的技术，在职业技能培养中同步培养创业素质。学生要转换思想观念，提高对个人成长成才和促进就业及助推社会经济发展中作用的认识，将其内化为自觉行动。

在产教融合中，注重培养产教融合的水平原则包括注重学校人才培养产教融合的水平和产教融合自身的水平，学校人才培养产教融合的水平影响着产教融合培养和产教融合的水平。政府是学校产教融合的领导和管理主体，产教融合发展是否顺利很大程度上取决于政府的支持与助推。正是基于此，国家在宏观层面上政策引领、措施落实、监督和服务体系的搭建都是很重要的，必须通过出台法律、法规和政策来引导支持和促进职业教育与行业企业深度融合。

学校是产教融合的主要执行主体，发挥着为社会提供创业创新人才历史重任的主导作用，承担了教育最重要的角色和职能。行业和企业是产教融合的对接主体和受益主体，具有创业创新素质的高端技能人才，将有力地提升生产力，助推产业创新和转型升级，提高企业的竞争力和效益，最终使行业和企业收益。学生是产教融合教育的学习主体和受益主体。社会是产教融合教育的参与主体和监督主体。

2. 自组织原则

产教融合的发展在探索时期主要是依靠学校和企业的自组织发展，在这样的发展过程中，自组织发展逐渐成为一种共识，自组织是指客观事物自身的结构化、有机化、有序化和系统化的过程。高等职业院校产教融合的各实施主体开展教育包含自组织行为，具有自组织演变的特性。政府只有在逐渐意识到产教融合发展需要进行调控的时候，这种自组织原则才逐渐被打破。在产教融合过程中运用产教融合的水平原则，用符合性、适用性及经济性三个层次去检验产教融合人才培养和产教融合的水平情况。用符合性检验人才培养与市场用工需求间的匹配程度，用适用性检验所培养的人才是否适应行业企业相应岗位的具体工作；用经济性检验人才将创造的经济效益情况。

高校的产教融合具有开放性特点，创业能力培养要求突破以往教育体系的封闭性，与社会进行开放式互动教学。高等职业院校的产教融合过程具有复杂性，涉及学校和行业、企业不同的专业群、产业类型、规模大小、技术含量、管理方式等多种因素，在教学、科研、生产、管理、市场等多方资源相互作用下，各主体教育过程自组织机制同样具有复杂性和关联性，因而高等职业院校教育机制形式也应具备多样性，需要分类组织，分类指导，分类实施。

高校的产教融合具有自发性特点，它处于经济社会发展的宏观环境之中，是动态开放的系统，各实施主体结构通过与外部环境的交换，获得自组织演化需要的各种资源和能量，然后通过组织内部各个要素的交互作用，获得自组织演化的核心能力，从而使高等职业院校的产教融合机制能够自发调节、自我完善，实现从稳定到不稳定，再到稳定的连续有序发展。

3. 协同性原则

与自组织原则相对应的就是协同性原则，产教融合在探索阶段主要依靠的是自组织，随着发展的深入，各个利益群体需要进行协同发展，因此，协同性原则便应运而生。需要探索政府、行业与用人单位和学校之间整体与部分、各要素或子系统间的协同作用，增强高等职业院校的产教融合多主体协同性。协同开展产教融合的关键是协同五个主体尤其是政府、行业与企业开展学校的产教融合的积极性、主动性。

政府完善法规政策，强化制度的约束力和系统的政策激励；学校要不断提升服务社会的能力，增强协同行业和企业全方位支持和参与其学校产教融合的吸引力，提供更多的合作桥梁和纽带；行业和企业要以人才培养为己任，积极参与扶持校企协同开展学校的产教融合，为学校开展产教融合提供更多资源平台和合作空间；全社会都要强化对学校产教融合意义的宣传，提高全社会对产教融合的认知度和参与度。要协同目的、协同内容、协同资源、协同时间、协同各主体的责任和成果分担，从而构建政府有效宏观管理、行业与企业主动对接、社会广泛参与、学校主导、学生执行的高等职业院校的产教融合机制。

产教融合的水平是组织机构、体制机制等发展的根本前提和动力。在评价产教融合的水平时涉及符合性、适用性及经济性三个层面。高等职业院校也只有提高教育教学产教融合的水平，提高毕业生社会影响力，才能提高自身社会地位，吸引行业企业参与，提高职业教育产教融合的合作深度。

4. 共享性原则

共享经济已经成为社会经济发展的重要组成部分，共享性原则也成为产教融合的重要原则。产教融合、产学合作可以共同培育创新创业人才，国家、学校、行业与企业、学生都是受益者。要注意发挥市场对资源配置的作用，建立政府激励机制、互惠互利的动力机制、共生发展的利益分享机制，使各主体做到责任共担、利益共享，助推高等职业院校的产教融合有序发展。产教融合是现代职业教育的重要特点，也是建设现代职业教育的重要制度，从产学融合到产教融合，描述了产教融合向深度和广度发展的趋势，为创新高等职业院校的教育机制提供宽广路径。

要建立健全适应市场经济发展需求的职业技术教育制度，市场性成为职业教育的天然和必然属性。同时，在一定程度上，教育人才培养是否具备市场性、是否符合市场发展需求成为评判产教融合水平的标准之一。高等院校应在现有传统职业教育课程基础上，突出和强化产业融合的理念和内容，以系统方法论为指导，以培养学生综合职业能力和可持续发展能力为目标，将课程划分为基于工作过程和基于社会生活两部分。把教育作为一种人才培养制度在顶层设计上加以定位，系统构建高等职业院校实施产教融合的制度。

产教融合实质是教育与产业的融合，政府和市场是助推产教融合与学校和企业合作的两大基本力量。正是基于此，产教融合要发挥政府的主导作用，尊重市场在学校和企业合作中起决定作用的规律。在组织领导体制建设上，可以完善教育行政部门的管理制度和模式，借鉴国家多部委联合推进就业工作的领导体制，打破行政部门间壁垒，争取行业部门和政府部门的支持，自上而下建立推进产教融合相关部门协调联动的组织架构。产教融合集知识教育与素质教育于一体，其契合点是学生创业素质和职业技能培养并重，建设和完善产教融合的课程体系，主要包括以下方面：

（1）构建基于社会生活的素质教育课程体系，将创业课程融入素质教育的公共课程之中，以学生职业岗位将面临的典型社会生活的情景、事件、活动和问题为内容，开设生活通识与通用技能类课程、就业创业类课程、审美和人文类课程、身心健康类课程、思想政治类课程。

（2）构建基于工作任务导向的专业课程体系，将创业要素融入专业课程目标，根据学生工作面临的典型工作任务的对象、工具、方法、组织和要求，开设公共平台课程和专业方向课程，从而形成素质教育与专业教育一体化的课程体系，最终达到提升学生综合职业能力和可持续发展的目的。

学校和企业共建校内产学合作平台，一般都有学校和企业合作的背景，教师或企业带训人员都有创业实践经验。需要发挥市场在资源配置上的调节作用，引导学校和企业发现合作的利益共同点，助推产教融合的感情机制向市场利益机制转变，从而建立长效合作机制，逐步使行业和企业成为实施教育的另一个主体。

当前学校与企业签订合作育人协议，合作中的就业前实践的专门基地一般只作为学生短时间的就业前实践场所或以就业为目的的岗位实操场所，学生只能接触与专业技能相关的实训，学生创业实践无法在校外实训中落实。要改变传统的以课堂为主没有系统性的实践教学模式，以产教融合、学校和企业结合为依托，从行业、专业、地域特点出发，以培养具有扎实创业知识、较强创业实践能力和创新创业精神的创新型技能人才为目标，将人才培养与社会服务及产品设计开发紧密结合，将教学过程与项目实施过程融于一体，将学生的专业实践和创业实践融合，以岗位职业能力为主线，构建校内实训平台、学校和企业共建校内产学合作平台、企业驻校研发中心、教师工作室、学生创业工作室等和校外实践平台三级平台，为学生优质就业、成功创业铺平道路。

在校内实训平台建设中，要改变开设商业一条街、创业实践训练项目游离于学生专业实践单一的做法，不能将创业教育与第二课堂活动画等号，要在第一课堂专业实践教学中增强创业实践活动与学生各自专业教育的关联性和相容性，将专业实践向创业实践延伸，创新人才培养模式。对于有创业意愿的学生，学校负责提供项目来源、教师技术指导和免费办公场所等支持建立创业工作室，挂牌后参照公司模式由学生独立运作。

此外，基于市场性出发，产教融合的发展过程应是院校与行业企业等多元主体间资源的相互利用和相互依赖的过程。高等职业院校与行业企业等多元主体间应基于互补性稀缺资源，形成互利互惠、相互依赖、共同发展的良性动态互动关系。在产教融合制度下，政府应加强宏观管理，改革就业前实践的专门基地建设机制，改变创业孵化基地建设与就业前实践的专门基地建设的现象，鼓励行业龙头企业将最新技术和设备投到学校和企业共建的实训平台，同时担负起创业孵化平台的责任，使其既服务于产业链企业，又服务于同类高等职业院校，积极构建良性运转的区域性资源融合平台。创新就业前实践的专门基地投入方式，对行业企业投到实训平台的技术和设备给予适当经费奖励，完善健全产教融合培养具有创新创业素质的高端技能型人才机制。产教融合、学校和企业协同建立创业教育与专业教育融合的校外实践平台，是学校开展教育的重要保障机制。

在推行项目教学、案例教学、工作过程导向教学等模式中，培养学生的创新创业素质和专业技能。正是基于此，要推进学校和企业全过程培养人才，创新岗位实操方式，学校在与企业签订就业前实践合作协议时要与企业共同制订完善的培养计划，注重利用企业资源，增加学生企业经营运作的知识和技能，明确培养学生创业素质的路径和实施办法，确保学生在获取职业实践经验的同时，同步提升创业素质。学校和企业要协同建立各平台对工作任务或项目实施的规范、监督和信息反馈与评价的机制，实现人才培养模式的升级。高等职业院校应在行业企业等多元主体利用和依赖职业院校设备与学生等优势资源的同时，对企业、商业协会、政府等相关部门的优势资源加以利用，如利用人力资源与社会保障局的统计数据，借助第三方机构分析劳动力市场人才需求情况、职业院校人才与市场需求间匹配情况，预测未来人才需求情况，实现产教融合水平的提高，实现合作关系的持久开展，实现产与教的共同发展。

目前，以学校的创业中心为主要依托，已重点建设一批学生科技创业实习基地。这些基地的建设以政府和学校自身投入为主，还没有形成行业和企业参与的机制，基地的辐射示范作用发挥不充分。作为职业教育产教融合合作主体之一的行业企业受诸多主客观因素的影响，包括行业企业内产品生产和社会服务不完善等因素影响，企业参与产教融合的热情相对不高。为吸引企业的参与，赢得发展资金，高校需要主动与行业企业靠近，在改善自身人才培养产教融合水平的基础上，争取提高企业参与高校产教融合的积极性和主动性，承担更高的产教融合潜在风险，承担更多的产教融合任务和职责。地方政府要进一步加强对高校的经费投入，继续加大高校的教育建设力度，学校应有针对性地建立学校和企业一体的专业和创业实验就业前实践的专门基地，引进模拟实训软件，成立模拟公司，为学生参与创业实践提供根本保障。

高等教育的发展与产业经济的发展密切相关，高等教育的发展源于经济社会的发展需求，又助推着经济社会的前进与发展。市场经济要求职业教育的人才培养活动置身于市场环境中。同时，高等教育作为一种教育类型，应保持自身的相对独立性和特殊性，确保所培养的毕业生是具备创造价值的人才资源，而不能被简单地等同于普通的人力资源，这不仅直接关系到毕业生能否符合市场需要、能否为企业创造价值、能否促成产教融合的持续发展，也关系到毕业生就业情况及职业生涯发展状况以及高等职业院校自身的生存状态与发展前景。

（四）产教融合的理论支撑

1. 杜威——从做中学理论

美国教育家杜威在教学的过程中会把教学的过程看作一个"做的过程"，并且强调人们"做"的兴趣和冲动都是以人为主体的。人们对知识经验的来源基本上基于主体与客体经验的总结。因此，杜威强调学校在教育的过程中应该设置成类似于雏形社会的地方，即是开设好各类工厂、实验室、农场、厨房等，让学生们能够在学校这个"小型社会"环境之中学习好自己所感兴趣的专业和课程。为此，杜威还提出了在教学的过程中要安排和编创好实践生产场景的教学方式，即在场景教学之中，激发学生们的创造性思维，从场景活动入手，解决好学生们在场景活动中所遇见的问题，这就是杜威所提出来的"从做中学"的教学理论。

从杜威对整个教学的主张来看，他主张学生们需要在学校里获得生活和工作中的全部知识，他的这种教学理论对当时社会教育来说具有很好的创新性，缺点是在其开展的过程中有一定的局限性。但在对工科院校产教融合培养实践型人力资源的研究中，产教的深度融合需要真正把产业与教学对接，强调了"做"与"学"相结合的重要性，工科型院校在实践型人力资源的培养上要把理论与实践对接，加强实践、加强学生动手能力。杜威的"从做中学"理论贯彻了从做中学、从经验中学，要求以活动性、经验性的主动作业来取代传统书本式教材的统治地位，他的"做中学"理论贯彻到我国的教育方面，将对我国教育中的管理理念、师生关系、教学方法、教学的评估方式等都具有非常深远的指导意义。

杜威以"教育即生活""教育即生长""教育即经验的改造"为依据，对知与行的关系进行了论述，并提出了举世闻名的"从做中学"的理论。其理论实质就是要加强对学生实际操作能力的培养，培养学生探究和解决问题的能力，培养学生从事和适应实际工作的能力，这也是我国职业教育所需要的既定培养目标。杜威从他的哲学观——实用主义哲学观出发，主张"实用"，并把它引入教育，形成了实用主义教育哲学。他主张学生亲历探究过程，建立与真实世界的关系，实现学生从一个被动的观察者到一个积极的实践者的转化，学生通过自己的活动，逐步形成对世界的认识，充分体现学与做的结合。

杜威的"从做中学"理论认为，人类获得解决问题的探究能力才是最重要的，而这种能力的培养应该通过科学方法的训练来获得。同时，杜威强调教学活动的要素与科学思维的要素应当相同，并由此提出了相应的"思维五步"或"问题五步"教学，具体包括：其一，学生要有一个真实的经验情境，要有一个对活动本身感兴趣的连续的活动，即要有一个能实现"做"的情境；其二，在这个情境内部产生一个真实的问题，并作为思维的刺激物，即要有一个可"做"的内容；其三，学生要占有知识资料，从事必要的观察以对付这个问题，即要有一个实现"做"的必要支撑；其四，学生必须负责一步一步地展开他所想出的解决问题的方法，即要有一个完整的"做"的过程；其五，他要有机会通过运用来检验他的想法，使这些想法意义明确，并且让他自己去发现它们是否有效，即有一个针对"做"的结果的检验。这里的"五步"教学表面上看完全是一个学生"做"的过程，但在"做"的过程中却是对"学"的积累。

高等职业教育旨在培养生产、服务与管理第一线的高素质技能型专门人才，就是在基层岗位和工作现场做实事、干实务、实践性很强的实用性人才，也就是专门面向"一线"的高等技术应用型专门人才。而这种"一线人才"，不是单单依靠学历教育在学校里就能培养出来的，他们必须也只有在生产和工作的实践中获得能力、提高能力。正是基于此，职业教育应更注重有效培养学生的职业能力，在教学过程中强调与实践相结合，实现学生的"做"，从而完成学生的"学"，以提高学生适应职业岗位能力的要求，缩短从学校教育到实际工作岗位的距离。

结合杜威的"思维五步"，可见"从做中学"理论在职业教育教学中的应用，具体体现在师生关系的准确定位以及教学方法的合理运用上。实施"从做中学"初期，常常会出现一个角色误区，认为教师是"做"的准备者，即为学生准备好所有资料和设备，而在学生真正"做"的时候，教师也不过是个旁观者。如果以这样的态度处理"从做中学"，其结果便是学生盲目地"做"，却谈不上"学"。

强调"从做中学"，并不是对教师的忽视，无论把课堂搬到实验室还是工厂，无论教学中采取何种方法，都不能缺少的一个人就是教师，教师的具体作用有三个方面：第一，为学生营造一个真实的经验情境，并提出一个能引发学生兴趣的问题。第二，是在学生实际"做"的过程中出现错误、疑惑、困难、有所发现、有争论时进行有目的、富于智慧的引导,当学生有操作经验之后进行提炼、总结等,否则学生的操作可能是无效或低效的。第三,给学生创造一个可以检验其"做"的结果的机会。"从做中学"理论的中心是学习者本身,是学习者通过"做",形成"思",最终实现"学",是学生通过自己的努力获取知识与培养能力的过程。在这个过程中,既少不了教师这根指挥棒的引导,更少不了学生自身的操作与思考,学生只有通过实际的动手与动脑,对问题进行分析处理,才能在"做"中体会知识的运用。

随着我国职业教育的发展,教学方法越来越注重其实践性,强调与社会相结合,与用人单位的需求相结合,突出学生实际动手能力的培养,但无论采取什么样的教学方法,在其具体运用的时候依旧落点到"教与学"上。

相对传统教育而言,"从做中学"却是对"教"的另一种更为人性化的诠释,"做中学"绝不意味着让学生"做"就行,而是必须在教师指导下富有意义地"做"与"思"。这其实是把"教"的过程融入实际的情境中,教师在学生"做"的情境中教。要达成"做"以成"思","思"建立在平等与对等的关系上,平等的价值高于对等,没有平等就无法谈及对等,平等是对等的前提。

2. 陶行知——教学做合一理论

陶行知先生提出了三大教育理论,即"生活即是教育""社会即是学校""教学做合一"的教育理论,而"生活即是教育"则是重中之重。陶行知先生的生活教育理论在当时中国社会中的反传统与反对旧教育中具有非常重要的意义和作用,他的"教学做合一"理论深刻地批判了传统教育中所存在的不足之处,同时给出了相应的具体的解决问题的办法和方式,这种教学理念的改革和践行对于当时的社会而言具有非常好的作用。同时,他还强调,教学应该同实际的生活方式结合起来,这就需要教师们运用好新的教学方式,根据学的方法来进行教学。教与学都应该以"做"为中心,"做"才能够让学生们获得全面的知识能力。

陶行知先生的理论基础,在以市场需求为导向的产教融合培养学生的模式下同样适用。"生活即教育"用五个字明晰地体现出了知识结构与市场以及社会发展同步的理念。对当今部分工科院校的毕业生出现综合素质能力低下、职业意识缺乏、动手能力比较差的现象,解决办法是:在借鉴陶行知先生理论基础之上,使学校所传授的知识能够适应社会经济发展的需求。

"生活即教育""社会即学校"和"教学做合一"是陶行知生活教育理论的三个基本命题,研究者对这三个命题的历史流变一直缺乏较为系统的研究。作为生活教育理论的方法论,"教学做合一"在生活教育理论体系中居于重要位置。"教学做合一"的研究取向主要呈现以下特点:

(1)偏重"教学做合一"的实践运用,对其理论探讨略显薄弱。研究者大都认同了"教学做合一"的优点和重大价值,而将其广泛运用于高校教育教学改革等方面。其中"教学做合一"的理论运用从2007年开始更为凸显，而伴随着陶行知诞辰120年纪念活动的举行，"教学做合一"得到比较广泛的运用。

（2）一线教育工作者成为关注、探讨和运用"教学做合一"的主体。随着"教学做合一"的教学实践运用价值被大多数理论工作者认可，不少一线教育工作者开始结合自己的教学工作积极参与"教学做合一"的实践研究。

（3）研究者对"教学做合一"的理论探讨呈现出新的特点，或是对"教学做合一"的理论内涵进行合理阐释，或是在实践运用中形成和丰富自己对"教学做合一"的进一步理解。

"教学做合一"作为一种教学方法，陶行知把它深深根植于具体的环境中，并辅以相适应的课程和相匹配的教材，试图实现方法和内容的有机统一。如陶行知在育才学校时期，结合培养特殊才能的人才目标，"教学做合一"方法辅以六种小组，并开设了不同的课程，通过内容和方法的有机结合发挥了"教学做合一"的无限活力。教学方法的改革必须与环境、课程、教材等相配合，否则就割裂了方法和内容的有机统一。我们应充分强调目前学校教学方法改革要与环境、课程、教材等相配合的价值取向。教学方法改革必须密切结合具体环境，配套相应课程、教材等，否则在实践中不会发挥长远作用。

3. 福斯特——产学合作理论

英国学者、教育家福斯特在现代产学合作研究中具有非常重要的代表价值，他的产学合作理念对教育界的发展来说具有很高的战略性。福斯特认为，当前许多职业教育计划难以实现都是因为受训者缺乏必要的基础理论知识与基础技能知识。正是基于此，福斯特认为，产学合作的过程中应该首先从课程职业化设计出发，以理论基础为切入点，最终搭建就业化平台。同时，高等职业院校中高水平技术技能人才的培养应该注重走"产学融合"的道路。正是基于此，学校在开展各种职业培训计划的过程中应该从三个方面进行培养和改造：第一，要控制工科院校发展的规模，拓展学生能力的基础上要结合社会经济发展的现实状况；第二，要改革工科院校的课程内容，多设置一些工读交替的"三明治"课程；第三，要控制工科院校中生源的比例，有可能的话让在职人员成为工科院校生源的主要来源渠道之一。福斯特产学合作的理论对包括中国在内的发展中国家的教育具有很好的借鉴作用。

20世纪60年代，正是西方"发展经济学"盛行时期。这一理论提出：发展中国家的经济增长"可以让政府去发挥主要作用"，可采用"集中的、非面向市场的计划模式"。受其影响，当时教育理论界有人提出了"人力资源说"，即主张学校可以根据政府的经济发展计划和"长期性的人力预测"来提供一定数量训练有素的人力储备为经济发展服务。在教育发展战略上，这一学派主张发展中国家通过重点投资学校形态的职业教育和在普通学校课程中渗入职教内容来促进经济发展。人力资源说在当时得到了包括联合国教科文组织和世界银行在内的一些国际组织的支持，成为当时发展中国家教育与经济发展的指导理论。

"发展经济学"的观点以当时英国经济学家巴洛夫为代表。针对巴洛夫的主流派理论，作为长期致力于发展中国家教育理论研究专家的福斯特，以他多年来的研究成果为依据，写下了《发展规划中的职业学校谬误》这一名作，从教育发展的一些根本问题上系统地阐述了他的职教思想，提出了许多与巴洛夫为首的主流派不同的观点，从而在职教理论界引发了一场长达 1/4 世纪的大论战。最后，福斯特由少数派成为当今职业教育界最有影响的主流学派。福斯特的职业教育思想福斯特职教思想反映在《发展规划中的职业学校谬误》这篇名作以及他以后发表的文章中，我们可对其主要思想和观点进行以下概括：

（1）职业教育必须以劳动力就业市场的需求为出发点。福斯特强调受训者在劳动力市场中的就业机会和就业后的发展前景，是职业教育发展的最关键因素。基于此，职业技术教育的发展必须以劳动力就业市场的实际需求为出发点。

（2）"技术浪费"应成为职教计划评估中的一项重要内容。福斯特注意到，许多发展中国家职教毕业生的就业岗位与其所受的专业训练不一致，从而他提出了职教中的"技术浪费"问题。他认为"技术浪费"通常是三个方面的原因造成的：一是国家为促进经济发展提前培训某类人才，但现有经济并不能利用和消化这些人才；二是市场需要这些人才，但被安排到与训练不相关的职位，所用非所学；三是市场需要这类人才，但职业前景和职业报酬不理想导致职业教育毕业生选择了与培训无关的职业。对这种"技术浪费"资源缺乏的发展中国家应足够重视，把它纳入职业教育计划评估，并作为其中的一项重要内容。他还认为尽管"技术浪费"现象在发达国家也存在，但在发展中国家更严重，而由于发展中国家的资源更加有限，所以，这种"浪费"更应该加以足够重视。

（3）职业化的学校课程既不能决定学生的职业志愿也不能解决其失业问题。以巴洛夫为首的主流派认为，通过学校课程的职业化可引导学生的职业志愿，从而避免学生不切实际的就业愿望，减少失业。学生的职业志愿更多地由个人对经济交换部门的就业机会的看法决定，学校课程本身对这一选择过程并无多大的影响。失业的原因并不简单是学校课程上的缺陷，很大程度上是劳动力市场对受训者缺乏实际需求。

（4）职业教育的重点是非正规的在职培训。"企业本位"的职业培训优于学校本位的职业教育。福斯特认为，发展企业本位的在职培训计划要比发展正规的高等职业院校"更加经济""更少浪费"。因为企业比高等职业院校更了解培训"产品"的标准和要求，而且企业有提供在职培训的良好条件。

（5）倡导"产学合作"的办学形式。高等职业院校在人才培养上有规模效益，但鉴于高等职业院校本身一些难以克服的缺陷，必须对高等职业院校进行改造。最重要的措施是走产学合作的道路：如改革课程形式，多设工读交替的"三明治"课程；实践课尽量在企业进行，缩小正规学校职教与实际工作情景之间的距离等。另外，在生源方面，可招收在职人员。总而言之，职业教育和培训逐渐从学校本位走向产学合作。

（6）职教与普教的关系是互补关系而非替代关系。福斯特强调成功的职教需要成功的普教做基础。随着社会生产力水平的提高，生产过程要求人才具有更为深厚的文化基础知识。学生具备扎实的文化基础也有助于提高其以后的继续教育能力和职业转换能力。正是基于此，要在扎实的普教基础上开展职业教育。

（7）反对"普通教育职业化"。"普通教育职业化"，福斯特认为在发展中国家不应采用这种形式的职业教育。"普通教育职业化"既达不到普教的目的，也达不到职教的目的。

福斯特长期从事职业教育理论研究，并在大量调查研究的基础上提出其职教思想，有着坚实的理论和实践基础。虽然福斯特职教思想主要产生于20世纪60年代中期，但其中的许多观点今天来看仍然具有强大的生命力。如职业教育必须以劳动力就业市场的需求为出发点、基于简单预测的人力规划不能成为职教发展的依据、要在扎实的普教基础上开展职业教育与培训等，被证明依然符合当前职教发展的实际。

特别是福斯特强调，"对职业学校进行改造，走产学结合的办学道路"，更是一种先进的战略定位，因为职业教育不同于研究型的教育，它不需要太多的超前理论，而是更多地注重于实践知识的传授，技能重于研究，动手操作重于理论思维。所以，注重"产学合作"，加强对职业学校学生动手能力的培养是一个永恒的主题，也是当前世界范围内对职业教育的一个主流认识。

福斯特对学校本位的职教持否定态度，显然是不符合我国的现实状况的，这一点已无须怀疑。学校本位的职业教育作为我国教育的一种基本形式，已被职业教育法的形式规定，在现实中，职业学校仍然是我国职业教育中的办学主体。学校形态的职业教育有其难以取代的优势，除了有人才培养的规模优势外，关键是在培养学生的文化基础、人文素质等方面是其他形式的职教不可比拟的。即使在发达国家，学校形态的职业教育仍是当今职业教育的主流。虽然，学校形态的职业教育有其局限性和一些缺陷，但是通过改革办学形式、课程体系、教学方式等手段可以加以弥补。此外，在多元化的社会，不同国家和同一个国家的不同地区，人们对职业教育的需求也是多方面的，应该提倡多元化的职业教育办学形式。

（五）产教融合的功能作用

产教融合就是将生产与教育有机结合起来，实现理论知识的传授与实践知识的传授有机协调与融合，提高实践能力。通过产教融合、校企合作，能够为学生在理论学习之余，提供更多的实践机会，培养学生的岗位能力和实践水平。产教融合将企业、学校、政府、社会组织等结合起来，进行资源整合与优化配置，实现取长补短、优势互补，提高教师素质。产教融合对教师提出了新的要求和挑战，教师只有不断自我提升才能适应产教融合的教学要求。产教融合对提高教师产教融合的水平大有裨益，助推教学改革。

产教融合是职业教育的新形式和新思路，是对职业教育的一种创新。在对产教融合教学模式进行探索与发展的过程中，课程设置、教学内容、评价方式等都面临着调整和变革，进而助推职业教育改革的深入。产教融合的根本任务是通过创新教育形式、整合教育教学资源、提高教育产教融合的水平，达到提高学生岗位技能和实践能力、满足社会需要的目的。同时，产教融合有利于企业的技术革新和生产水平和效率提升，促进企业的高速和高质量发展。

由此可见，产教融合是实现学校和企业共同发展、全面提升的重要手段和有效途径，是教育价值、社会价值和经济价值的集中体现。产教融合促使高等职业院校按照企业的需求培养人才，并将理论学习与实践知识的传授和科学研究结合起来，为企业发展提供强有力的人才支持和智力支持，提升我国企业的综合实力，促进市场经济的高速和高质量发展。

1. 有利于专业定位与建设

企业和高校的紧密合作，当社会经济发展的路径发生变化时，企业能够第一时间感知到，企业将所需要的人才培养标准及时传达给院校，院校及时做出响应，使专业定位始终跟上时代的步伐。从教育方面看，近一段时期以来，我国职业教育的特色是以职业学校为主体培养初入职的技术技能人才，经济领域行业企业相对脱离于人才的正规职业准备教育，出现了高等职业院校对产教融合、校企合作共同育人和研发的需求格外强烈，然而困难也格外多的情景。企业拥有丰富的技术能手，对于行业需要的人才定位比较清楚，能够给专业定位和学科发展把脉。

从经济领域看，我国正在进入工业化中期，努力实现产业升级转型、建立创新驱动的现代产业体系，对复合型和创新型技术技能人才的需求在倒逼行业企业做出变革。发展所面临的体制机制困境、保障技术应用和技能人才发展的实践问题，具有重大的研究意义与价值。

产教融合、校企合作培养技术技能人才是国际职业教育成功国家的共同规律。呼唤和渴求产教融合、校企合作培育技术技能人才在我国有着深刻的教育和经济背景。推进国家治理体系和治理能力现代化，为解决职业教育的瓶颈问题提出了全新视角、顶层思路。职业教育作为与社会经济发展密切相关的一种教育类型，同时肩负着面向人人和培养高技能人才的重任，关乎国家的经济发展与社会和谐。

职业教育治理体系与治理能力的现代化，是国家治理体系与治理能力现代化不可或缺的一部分，对全面深化改革，推进国家治理体系和治理能力的现代化具有重大意义。改革开放40多年以来，在政府及各部门的积极努力下，职业教育的发展取得了巨大成就。但是，目前与我国经济社会的需求和人民群众的期盼相比，职业教育发展依然面临很多困境，许多问题表面看似乎在职业教育自身，而其实质是职业教育的外部制度、体制机制使然。

我国职业教育的校企合作创设了"订单式"培养、工学交替、校中厂、厂中校、"政、校、企"三方联动等一批具有区域行业特色的校企合作人才培养实现形式，形成了"合作办学、合作育人、合作就业、合作发展"的校企合作人才培养理念，但是职业教育校企合作也遇到了较多的困惑、问题和困难，尤其是参与各方对职业教育校企合作的国家制度政策的缺失体会颇深，对职业教育在国家政策、制度层面的顶层设计改革有着较为迫切的诉求。实行校企合作、工学结合的职业教育人才培养模式，是技能型人才培养的有效途径，体现了职业教育的本质特点。职业教育所肩负的培养技能型人才的任务需要高等职业院校与行业企业共同承担，日益成为职业院校、广大企业和社会各界的共识。

从"单维"管理理念转向"多元"治理理念，在治理理论的指导下，借鉴国际比较经验，研究职业教育的多元治理主体的权责、实行管办评分离、多样化治理工具、完善的治理制度体系、治理指标体系、治理的制度包与工具包等，具有巨大的经济和社会意义。首先，完善职业教育治理体系、实现职业教育治理能力现代化，将有助于我国数以亿计的技术技能人才的培养和可持续发展，有助于职业教育突破上述制约瓶颈和困境，增强职业教育服务产业结构调整、经济发展方式转变的针对性和实效性；其次，对职业教育治理体系和治理能力现代化的研究，有助于促进我国社会民主与全面提升，增强人民群众学有所教、学有所用的终身学习途径和机会，依靠职业教育提升国民素质和发展能力，提升体面就业、幸福生活的民主和谐境况。

2. 实现高校课程体系建设

课程体系是学科发展的载体，企业岗位的各项技能都需要通过课程体系来实现，通过相应课程来培养对应岗位技能。高等职业院校的校企合作中既有长期以来的旧问题，也有发展过程中的新问题，需要统筹考虑解决的办法，整体推进合作的发展深化。企业对岗位职责有比较全面的了解，能够对各工种工作任务职责做出详细规划，然后将岗位职责标准转化成课程标准，企业项目实例转化为课程教学的案例。

3. 强化企业育人作用和责任

（1）企业应该成为职业教育和培养未来员工的主体，但我国职业教育处于市场治理结构发展的初期阶段，企业界表达意愿的机会和条件尚不成熟，参与职教内驱力不够。

（2）企业缺乏战略发展理念，参与校企合作动力不足，社会责任意识不够，合作关系大多靠感情维系。

（3）现有的合作组织管理不健全，在具体学科发展、课程开发以及对就业前实践的管理等环节中，企业大多处于被动状态，教育培训的标准和规范缺失，合作流于表面形式。

（4）体力依赖为主而非技能依赖为主的企业大量存在，企业转型升级尚未完成，缺乏参与技能型人才培养的基本动力。

4. 优化校企合作育人和制度

（1）缺乏现代学校制度理念，校企合作的治理机制、合作发展机制不健全，整合资源能力不够。

（2）品牌创建意识不够，专业水平和技术技能积累不足，难以引领行业发展。

（3）技术服务能力较弱，难以吸引企业参与。

（4）人才培养模式创新不足，未能确立被校企双方共同遵循的教育规范和标准，难以适应产业需求。

（5）学生实习监管不到位，难以保证实习产教融合的水平。

5. 实现实习活动性质错位纠正

就业前实践应该是教育环节，其活动的性质是教学活动。这一点不容置疑。实际的工作不能直接代替就业前实践，也不能等同于就业前实践。在我国职业教育的实际中，一是学生的岗位实操和实训内容、要求与企业的人才定位，与工作岗位要求不太相符；二是学生在企业实习的内容、场地安全、工作时间等未有明确的规定；三是学生责任心、吃苦耐劳能力等品质的培养尚未有清晰的标准。

6. 提升教师的社会服务能力

校企双方经常互派人员轮岗实训，企业派专业技术人员到校为师生讲学，有利于提高师生的实践操作水平。学校派教师下企业锻炼，在企业生产一线，教师实践能力能够得到比较大的提高。研究、探讨校企合作促进政策的制定和实施是一项重要的攻坚任务，需要深挖现存的问题，运用理论分析其原因，并将其放在国家宏观层面来思考解决的思路和办法。我国职业教育的主体是职业学校，主要由教育部门统筹管理，但教育部或者任何单一部门都无法有效地解决职业教育校企合作的跨部门、跨领域问题。

例如，2009 年 3 月 1 日《宁波市职业教育校企合作促进条例》开始施行，这是我国第一部地方性职业教育校企合作促进法规，为明确职业院校、企业和政府部门职责，预防学生在实习期间意外伤害事故，保护企业商业秘密等提供了法律依据，为宁波地区职业院校和企业合作培养高素质技能型人才，促进校企合作可持续、健康发展提供了法律保障，是完善我国地方校企合作法规的重要标志。职业教育实行校企合作和工学结合的人才培养模式，不仅是培养应用型、技能型人才的基本做法，而且符合我国关于教育同生产劳动相结合、培养全面发展的人的基本教育方针，为加快制定国家职业教育校企合作促进法规提供了宏观性的思想框架。鼓励地方先行先试，吸收地方创新经验。教师所接触的理论知识较多，但实践方面的技能比较缺乏，大部分院校教师都没有太多的项目经验，通过产教深度融合可以提升师资水平。教师在企业通过实践掌握好的技能后，再结合自身丰富的理论知识，就可以提出有创新性的想法，帮助企业解决实际问题。

7. 培养学生的未来就业能力

企业参与人才培养的全过程，按照自身的人才定位进行人才培养，这样学生便能够第一时间掌握行业最新技术，毕业后即可以在相关企业就业，这样便有利于提升就业率和就业产教融合的水平。

职业教育校企合作分类是指根据职业教育校企合作的共同点和差异点，采用一定的标准和方法，依据一定的原则，对其进行系统的划分和归类。本书依据参与主体、企业所依赖的人力资本类型、企业采用的生产方式，以及校企合作中涉及的专业类别等对校企合作进行了分类，并研究了各类校企合作的特点，以期发现不同类型校企合作的政策诉求。在各种的校企合作类型中，并非所有类型的企业都能积极参与校企合作。例如，知识依赖型企业、手工生产方式下的企业等，它们的合作意愿低，参与合作的面比较窄，形式比较单一，对这些校企合作，政府及各部门应加强引导，不过分鼓励、不强制实施。手工业生产方式下的校企合作，合作的周期长，培养学徒的技能全面，产教融合的水平基本有保障，在政策上，应引导这类企业参与校企合作。体力依赖型企业的一线工作具有简单重复、劳动的知识技术含量低、用人不分专业、计件工资制等特点，是高等职业院校技术技能人才培养的天敌，尽管体力依赖型企业十分需要实习生的顶岗劳动，对高等职业院校的学生很有热情，但是这类企业却不适合培养人才，政策上也不应该鼓励与这类企业进行校企合作。

（六）产教融合的主要程序

（1）双方洽谈的主要内容：①合作办学模式；②合作办学目的与动机；③合作办学投入，包括场地、房产、资金、设备、仪器、软件、耗材等；④合作办学层次；⑤合作办学机构组成；⑥学校教学计划与企业生产的衔接问题；⑦合办专业与招生，合作的学生年级与数量；⑧学生实习与就业；⑨人员、教师的安排；⑩学校可提供的场地与教学行政用房、可建校中厂的场地与用房，包括面积、位置、承重、办公与设备安排、作用、具体人员安排等；⑪企业可提供的教学与实训场地及用房，可建厂中校的场地及具体的安排，学生在企业的食宿安排；⑫技术服务；⑬学生的考核与评价；⑭合作时间；⑮企业收益；⑯企业进驻学校后带来的交通工具停放、道路使用的问题；⑰设备安全、防火、防污染；⑱装修标准；⑲明确双方的权利与义务。

（2）达成与签订协议：①起草协议。②协议经高校产教融合办公室审查。③涉及财务方面的条款要经审计处审查。④视合作的具体情况，企业准捐赠的设备、仪器或软件要请评估公司评价其价值。⑤评估企业进驻后，学校所提供的水、电、网络、电话等资源的容量配置能否满足企业要求。如果不能，要考虑增容，增容的资金可由双方商定。⑥起草协议，涉及投资或学校有投入、有收益的协议还应由审计部门审计。若有问题，应予以更正。⑦由高校产教融合办公室主持协议签订仪式，双方签订协议。

（3）涉及招生的计划：纳入专业招生计划要及早做计划或从中挑选出学生。

（4）实施协议：①装修相关场所时，在装修前，要将所有施工方案交由负责建筑物及水电的后勤部门、负责网络的主管部门、负责电话的院办审定方可施工。施工、设备安装等操作日期不能与上课场所应用有冲突，其造成的噪声及影响应事先评估并采取措施予以避免。要有大致相当于环评的程序，确认不会造成不良影响。②为取得学校相关职能部门的配合，在有必要的情况下，协议要交由相关部门备案。③成立机构，企业正式进驻学校。④保卫部门要发给企业进驻学校人员相应的出入证件及指定停车位置，并发给学校相应的管理制度册子。⑤安排教学活动。⑥安排相关的技术服务等工作。⑦评聘企业教师。

（5）绩效评价与总结：在高校产教融合实施之后，要进行绩效评价，提交总结。

（6）结束合作：按协议规定，合作期限到，终止合作。若还有继续合作的意向，可继续签订合作协议。

在产教融合的过程中，影响高校和企业合作的因素繁杂众多，它们相互影响、相互作用、相互串联，有的是并列关系，有的是因果关系，有的甚至表面毫无关系但是间接存在联系。这些因素之间存在着相对的不确定性，各种作用的强度和关系准确性也较低，这些都增加了产教融合的复杂性和难度。因此，若要全面综合地分析评价影响产教融合的相关因素，则必须从多个角度综合考量各个因素，这样才能保证分析的科学性。

（七）产教融合的影响因素

1. 学校因素

（1）领导的办学理念和领导力。我国目前所处的经济环境有着越来越大的行业压力，需要进一步调整产业结构，人才培养无法满足当前经济转型期的需求。所以高校当前面临着亟须解决的问题，即怎样让企业、社会、市场与高校在利益上产生结合，实现校企的真正合作，降低办学难度，及时响应市场反馈，从而找到高校和企业之间最适合的办学发展道路。高校领导在面临这种情况时，最重要的就是充分发挥出领导能力，体现办学理念。领导能力指的是组织各成员实现可持续发展、充分发掘成员的积极性、设立目标、妥善合理地实施计划和战略等，其中的维度有四个，内容为12项，即取势——把握趋势，思维决策、规划、判断的能力；树人——发展人才，培养下级、理解他人、调动下级积极性的能力；明道——价值取向，自我领导、共赴愿景的能力；优术——运营组织，解决问题、创新、劝说、实践调查的能力。而最重要的就是思维决策、规划能力。从组织的角度来看，可以将领导比喻为组织的"大脑"，组织能够取得的成功取决于思维规划和决策能力的高低；从领导自身出发，一个领导者可以从其具备的思维规划和决策能力来展现自身的魅力和公信力。

经归纳分析，高校领导的办学理念和领导力对校企合作主要影响有如下两方面：

第一，高校领导捕捉和相应校企合作相关市场信息特别是隐形信息的速度会对校企合作产生重要影响。高校只有在办学理念上具备较好的开放度和先进度，才能加强和外部经济环境和市场环境的合作和联系。因此高校市场经济意识的形成会受到校领导能力的制约，也是高校能够获得或者领悟国家宏观经济发展策略和地方政府教育发展规划、法律法规规定的程度。这些因素都会直接制约校企合作的发展走向。

第二，会对合作企业的积极性和信任度产生一定影响。高校的决策观、管理观、格局观以及办学观都是由高校领导特别是校长决定，而这些又会直接影响学校的发展机遇和学校的社会形象、未来发展潜力等，并对企业的合作愿望产生较大的作用，可以从两个方面理解：首先，校企合作的深入程度、可能性以及预期效益直接受到高校领导的合作态度、理解程度以及重视程度的影响，这对校企合作的积极主动性和信任度形成较大的作用；其次，高校的办学思路和未来发展方向也会受到高校领导办学理念的影响，对所有教职工和学生的利益和工作态度也有着一定作用，这会决定校企合作的执行顺利度和效率，对双方合作的紧密性、友好性和创新性产生直接影响，并决定了校企合作能否长期稳定发展。

（2）师资队伍结构和水平。虽然各个高校有着不同的师资水平，不过从整体上来说，高校本身就是人才密集的机构，因此校企合作中对教师如何理解企业需求，并能够将之转化为教学内容和教学案例的能力有着较高的要求，同时也比较重视教师对学生实际操作能力和动力能力的引导作用，因此在校企合作中，师资队伍的结构和水平也决定了合作的长久稳定运行。师资队伍的结构和水平会对校企合作产生以下两方面的影响和作用：

第一，校企合作的级别、层次以及能够获取到项目的质量和规模会受到师资队伍的结构和水平的影响。师资队伍的结构和水平由教师的课堂教学能力、在行业领域中的任职经历、学术研究上的科研成果质量、专利积累数量和技术含量、大师级的引领性人物和社会声望、专业能力等各种素质所组成。这都将对企业的合作价值评估形成重要的影响，也会对企业是否合作产生决定性的作用。高校较高的科研生产能力和技术转化能力需要具备较高的结构层次和较雄厚的师资力量，这也是企业衡量高校水平的重要指标，有利于满足企业的需求，使企业减少沟通成本和障碍，有利于实现企业利益，这会给企业带来较好的信任感和合作热情；否则会导致企业的信任度下降，另觅更优质的高校合作。

第二，校企合作的执行效果和深入合作也会受到师资队伍的结构和水平的影响。由于教师的科研能力和技术服务转化能力会受到师资队伍水平的制约，也会对人才培养的质量产生一定作用，这也是高校能够为企业提供科研成果和服务质量的决定因素，并会影响校企合作项目的执行效果。教师的研发能力和技术服务转化能力是企业比较重视的一种能力，这会直接影响企业的合作利益期望能否达成，为企业的市场利润和超额利润的实现提供了条件，为此也会影响到能否和企业继续合作或深入合作。

（3）专业结构和特色。学科分类、社会行业需求和侧重领域等都是作为高校专业划分的重要因素，需要以实用性、就业适应性、基础性以及学术性作为基础来进行，并加强专业性的体现和兼顾综合性。教育和社会、经济的连接纽带就是专业结构和特色，这也是高等教育适应社会发展需求的表现，也是输出对口的关键。高校能够较好地吸引企业就需要具备较合理、独具特色的专业结构，并表现为以下两方面的影响：

第一，决定企业资源的投入程度。高校的专业结构和特色只有高度切合目前的经济和社会发展趋势，才能对企业形成较大的吸引力；否则将无法获得企业的认可，导致合作的终止。换句话说，若是高校的专业设置体现了行业发展趋势，则会吸引更多企业的青睐。

第二，决定地方政府的支持力度。地方政府对本地区经济的发展和产业结构的优化给予了高度关注，因此也非常重视适应本地区的产业人才培养。若是高校的专业结构和特色专业设置能够符合当地经济的主导支柱产业的发展，则会获得更多政策扶持和财政支持，这也是促进校企合作的重要保障。与此同时，地方政府通常都会竭尽所能地为主导支柱产业提供扶持，以便促进地方的经济发展和税收收入，这必然会给企业的发展带来利好的条件。当然，高校还应该具备和企业发展需求相适应的专业开设能力，并能够及时调整和完善，这也是吸引企业的一个重要方面。这些条件都需要高校领导者能够具备较好的决策判断力和市场洞察力。

（4）整体管理水平和执行力。从现代管理来看，执行力是充分实施战略意图、合理利用各种资源、确保目标可以顺利完成的能力，等同于行动力。从企业的角度来说，即企业的战略目标可否在这种执行力下化为真正的经济效益。每个管理中都必须包含决策和执行，二者缺一不可。只有真正地贯彻了正确的决策才是有意义的。落实过程决定了决策能否较好地执行，也就是在落实目标的过程中所采用的措施是否是明确、细致、翔实、认真、可行的。详细来讲，管理水平和执行力对于高校来说都是必不可少的，二者缺一不可，具体表现为：①高校领导层是否能真正地支持、理解校企合作；②中层管理者是否能理解领导层的用意并进行协调和组织；③各个职能管理部门能否做到良好的沟通、协调和配合，保证效率；④执行的主体教师能否积极、认真、自愿地完成工作职责等。

从个人的角度而言，办事能力即为执行力，从团队的角度而言，就是整个团队通过合作而可以克服的困难或完成任务的战斗力；从高校而言，便是指的学校的整体实力水平。通常而言，校企合作中可以从以下三方面来体现高校的整体管理水平和执行力：

第一，在和企业的合作项目中，高校领导层对校企合作所持的态度、理解以及认知度都会直接影响其项目的整体推进。在项目中最重要的关键因素就是理念，也是促进项目实施的重要前提。校企合作不会影响高校和企业的内部管理机构和运行属性，从高校方面来看，其职能部门和执行团队成员依然受领导层的管理，因此在合作项目的整体推进中，领导层的认知水平将有着直接的制约作用。若是项目获得了领导层的支持和认可，那么推进就会更加顺畅，项目成效也会更快。

第二，校企合作项目的运行效果也会受到中层管理者的组织协调能力和创造创新能力的制约。在项目推进中，中层管理者是行动力的代表，是对领导层用意的传递部门。任何校企合作项目，都离不开高校人事、资产设备、教学管理、学生工作、后勤保障以及财务部门的通力合作。而且这些部门具备良好的适应能力和改变能力，具有挑战精神，才能更好地为校企合作项目的顺利实施提供优势条件。若是职能部门的管理者对学校的发展战略变化的感应力较弱，无法及时应对校企合作中的需求，则会加大校企合作项目的推进和执行难度，不利于调动相关院系和企业之间的积极性和自主性。

第三，对校企合作项目的顺利实施产生直接影响的还包括了相关职能管理部门是否具备健全的管理机制。高校职能部门的服务质量会受到职能部门教学理念的影响；而且高校现有资源合力效应的产生也需要各个职能部门之间可以通力合作、具备较好的协调和沟通能力，这也是合作项目顺利推进的重要影响因素。此外，高校若要具备及时的教学变化适应能力就需要职能部门内部具备完善、系统的管理机制。

以上因素都将对高校内部资源的整合配置形成直接的作用，从而对校企合作项目的顺利推进形成一定动力。

（5）人才培养形式和质量。高校具有各种形式的人才培养模式，最常见的有全日制教育、远程教育、研讨班培训、专门性的短期培训以及成人脱产教育等。从企业的角度来看，也具有多层次的人才培养需求，具体包括了高级精英人才、职能管理人才、基层管理人才等，而且具有不确定的时间特征。而高校多样化的人才培养模式正好符合了企业的人才培养需求，对企业的合作选择意向也形成了直接的作用。此外，企业也非常关注高校的人才培养质量。人才培养质量可以从学生的自我学习能力和创新精神、知识灵活应用的能力、扎实的基础知识体系、良好的社会责任感和人文素养等方面来考虑。在校企合作过程中，人才培养质量虽然具有一定保障作用，不过却不是最关键性的，这是由于高校内部的其他所有因素都会对人才培养质量产生一定作用。

（6）相关硬件设施条件。高校中所具备的固定不动具有静态特征的，可以对教学任务产生辅助作用的基础设施称之为高校的硬件设施，通常包括了三个方面的内容：教学环境、学习环境和休闲锻炼环境。学生良好学习条件需要有一定硬件条件作为支持，这对激发学生的学习自主性也是很有益处的，同时也可以作为一个高校综合办学实力的评价指标。任何的教学活动和合作项目都要依托基础硬件设施展开，这也是高校承办校企合作项目的前提条件。和其他影响因素不同的是，硬件设施会直接影响校企合作的稳定和长期发展。因此，相关硬件设施的建设也有利于强化开展校企合作项目。

整体上来说，高校的六大影响因素是相互关联、相互作用的。其中最为关键的影响因素就是高校领导的办学理念和领导力，并决定和制约着其他四个因素即专业结构和特色、整体管理水平和执行力、相关硬件设施和师资队伍结构与水平，这几个因素又对人才培养的质量形成一种影响合力。

当然专业结构的设置和特色发展也受到师资队伍结构与水平的制约，并会影响整体的管理水平和执行力，从而影响相关硬件设备的引进、维护以及修缮等。为了有效提升校企合作的效率，改善目前这种校企合作的困境，高校应该找到自身存在的不足和缺陷，以六大制约因素为切入点，不断提升和完善自己。

2. 企业因素

（1）企业的价值观。企业的道德观念和经营理念受到企业价值观的影响，而企业的经营方向、经营目标以及经营战略则由企业的经营理念所决定，企业的社会责任意识由企业的道德观念所作用。任何合作都来源于需求，当然校企合作也是如此。

第一，企业通过自身的科技优势、营销优势、资源优势以及未来的发展方向所确认的经过了消费者和竞争者需求认可的一种基本原则和设想等便是企业的经营理念。企业的合作目的、方向、内容和形式的确定都受到经营理念的影响。而且还会因企业利益诉求是长期的还是短期形成决定作用，而长期诉求和短期诉求的不同就会形成不同的合作内容、合作方式以及合作对象等。通常情况下，注重短期利益的企业其创新需求和能力要求都较低，这也会造成企业难以长期、稳定地发展，基本也不会有校企合作的意愿，就算有，也只是为了减少成本来获得廉价的劳动力，这并不利于高校的长远发展。如果企业追求的是长远利益，就必然会对欧洲管理大师弗雷德蒙德•马利克所总结的六个关键点有着深刻的理解认识，这六个关键点为市场地位、创新的表现、生产力、吸引人才的能力、支付的流动性、利润。如果一个企业的价值观能够有如此高度，那么这个企业就是注重技术创新和人才储备的企业，企业才会有精力和有需求去考虑与高校创新合作、技术合作和人才合作等。从企业角度考虑，这是校企合作完成的第一步。

第二，企业只有同时具备需求、强烈的社会责任意识和合作育人的教育理念，才能参与到校企合作中来，当然，这就需要企业具备良好的道德观。很多企业基本上由自己承担盈亏，若是不具备良好的社会责任感和道德行为，就很难为教育事业的发展出力。

第三，企业的价值观在一定程度上也是由领导或者领导层的价值观所影响的。校企合作是综合了企业和高校两个不同社会组织的一种合作模式，但是最终能否达成合作意向则主要是取决于领导层的意愿。换言之，企业的利益和企业领导的价值观具有一致性，并对企业和高校的合作模式及合作程度形成直接的作用。作为企业的核心管理思想，良好的企业价值观能促进企业长期、稳定地发展，并能够在校企合作中产生积极的推动作用。

（2）企业的行业属性和规模。

第一，企业的行业属性决定着其合作的意向和迫切度。在新兴的高精尖行业，如医药企业、生物工程企业、国际金融投资企业等，这些企业选择与高校科学研究的意愿比较强烈。主要是因为这些行业都是专业性极强的行业，需要专业性极强的人才和科研成果的支撑。而高校在该行业中由于具有较强的科学研究水平和实力，对当前最新的研究方法和成果都具有较准确的掌握和积累，经过多年的技术积累和成果产出，具有较强的创新能力，或者说更能在最短的时间内理解企业的需求，完成企业的定向研究。最重要的是高校的大部分研究成果并未技术转移和市场转化，一旦企业选择与高校合作，便能够成功获得这些科研成果的使用权，利用企业自身的生产、加工和销售优势，能够很快将成果转化为突破性创新产品，推向市场，占领市场，获得经济效益。

第二，企业的规模决定着校企合作的具体形式。为了研究的统一性，校企合作可以分为知识转移、研究支持、技术转移和合作研究四种模式。知识转移和研究支持是企业经常采用的两种模式，规模较大的企业通常选择这两种模式加强其在非核心产业技术方面的实力，而规模较小的企业通常选择这两种模式加强其在核心产业技术方面的实力。这主要是因为大规模企业财力雄厚，为了始终保持产业技术的绝对优势，必须拓展技术积累和数量，以保证其时刻具有较强的技术实力和主导力，因此有精力、有实力、有意愿对一些未来可能发展成为核心技术的产业领域进行基础研究和技术研发。但是鉴于这些技术与企业自身的主流核心技术相差较远，在市场和时机未成熟的情况下，还不能投入太多，因此采用与高校专业团队的合作就是最节约成本和效果最好的途径。对于小规模企业而言，主要以拓展市场、占领市场份额为主要目标，更受人才和资金的限制，根本没有精力和时间进行核心产业技术的研究，这部分研究虽然重要，但不是小规模企业最迫切的。面临大规模企业的竞争压力和外界环境的日新月异，小规模企业如果想在投入较少、取得的收益较大而且周期不能太长的情况下获得核心技术的突破和创新，那么与高校定向合作研究就是最经济的路径选择。但是，这种大规模企业与小规模企业选择与高校合作的意愿以及合作的方式并不是一成不变的，不同国家在不同区域及发展阶段都会存在差异。

第三，企业的行业属性决定着企业自身产业的生命周期。企业的产品周期包括四个阶段：一是发展，二是成长，三是成熟，四是衰退，各个周期需要不同的资源和技术类型。像产品发展期，企业就应该积极地对市场进行拓展，对产品进行研发，抢占市场份额，这一阶段就需要更好的高新技术的支持，这可以通过校企合作来获得更加先进的技术。成熟期的企业经营在不断的扩展中，基本上已经达到顶峰的经济效益，此阶段对创新要求则比较高，需要吸纳大量的创新型人才，这阶段企业更注重和高校进行人才联合培养项目合作。因此，校企合作的方向、动机以及参与程度也受到企业产品周期的影响。

（3）企业参与合作的投入产出比。校企合作项目的质量和层次也是由企业参与校企合作的投入产出比所决定的。市场经济体制下，企业基本自负盈亏，因此对产出比的衡量是非常重视的，即要求不断地减少投入成本，而获得最高利益。所以说企业和高校的合作从本质上看也是一种投资获得，只有投入产出符合企业的预期目标，才能促进校企合作正常运行。当然，已经开始运行的合作项目也需要能为企业带来预期的效益，这样才能激发企业继续合作的意愿。

（4）企业的吸收能力和研发能力。企业基于已有知识储备而进行的各种信息学习、挖掘和吸收，并将之转换为内部知识和显性知识，以此来指导企业获得更高的商业利益能力的过程称之为企业的吸收能力。在知识的传播转移中，企业的吸收能力是最为核心的，会对企业的人才层次需求产生较大的作用，并对校企合作的整体绩效产生直接影响。因此，企业的吸收能力将直接制约校企合作的整体效益。例如，企业可以去劳工市场就能满足较低层次的人才需求，并能有效地减少人力成本的投入；若是需要较高层次的人才，则可以通过校企合作开展定向人才培养项目。当然企业的生产方式是由企业的价值观、行业属性和规模等所决定的，而生产方式又对企业的人才层次需求形成直接的影响。企业具有多层次和多维度的研发能力，从而能够及时有效地应对企业的各种突发事件、技术难题、外部竞争以及重要事件等，这才是企业市场竞争优势能力的体现，而且这种能力具有互补性和协作性等特征。若是企业具有较强的研发能力，甚至高于行业一般水平，那么企业就不会具有较高的高校研究开发支持意愿。不过若是企业需要进行定向研究开发合作来解决某种问题，则会提升其研究开发合作的意愿。当然，这种研发意愿主要由企业的市场竞争环境影响，而且区域经济的发展态势又会影响市场竞争环境。整体而言，企业合作意愿的形成主要由企业参与合作的投入产出比决定。当然，也会有其他影响因素的存在，而且各个因素之间的作用是相互影响、相互促进或相互制约，从而对校企合作的正常运行形成一种促进合力。

3. 环境因素

（1）内部环境因素。校企合作的内部环境因素是高校和企业能够达成合作的内力，主要包括经济效益、创新资源、主体战略、技术积累以及潜在风险等。

第一，经济效益。高校与企业之间达成合作最直接的原因是经济利益，这也是两者相互促进的动力，在双方合作时期，经济利益是双方考虑最多的因素之一。对于企业来说利益最大化是发展的目标，而对于高校而言更多的是累积教育资本，培育出更多应用型人才，二者相互合作比单方面发展所获得的效益更大。当然经济利益并不单指金钱，还包括先进的技术、高新设备、现代化生产线等，当然知识产权、专利等也属于经济效益的一种。

经济效益根据实现时间的长短将其分为长期效益与短期效益。通常情况下直接促成校企合作的多为短期利益，对应的长期利益多侧重于合作的稳定性，促成校企长期合作，不管是长期利益还是短期利益，对于校企合作均非常重要，当然两者之间也存在差异性。当校企合作均为实现短期效益时，那么合作期间考虑的多为成熟技术，有一定市场与产业链，追求的是产品的创新以及技术的改革，两者之间相互合作进行研发，达成优势互补，合作共赢。相反，如果校企双方均追求的为长期效益，那么真正合作的时候首先考虑的便是实验、创新方向、新工艺探究等，在此期间可能会丢失一定短期利益，但是最终长期利益的实现可以很好地弥补丢失的短期利益，并获得更大效益。整体来说校企合作的本质是提升经济效益，在此合作过程中经济效益是双方一致考虑的因素，在成本投入一定的情况下，不断探索研究，合作共赢，这也是校企合作过程中双方的共识。

第二，创新资源。经济利益是校企合作首要考虑的要素，但相应的其他要素也不能忽略，创新资源便是其中一个重要因素。如资金、技术资源、信息资源、设备资源、研发人员等，这些也必不可少。在实际校企合作过程中，各种资源均相对较少，资源分配不均以及各种资源缺乏现象非常多，加上各种限制条件，以至于校企合作并不能充分发挥其作用，这种情况在一定程度上影响生产创新活动的进程。当然也是因为资源缺乏等原因，高校以及企业均需要发展，因此激发了校企之间的合作，在合作过程中研发人员、信息资源、设备等均可以达到共享，实现资源的优势互补，促进研发创新活动的进行，同时增加了各项创新的成功率。

企业的资金资源较为丰富，且自主性较强，利益优势非常明显，但是对于创新研究以及开发方面相应的技术人才以及成果积累等相对较少；相对应的高校则与企业相反，学校的资金多为财政支持，有一定的限额，自主性较差，且商业资金支持较少，研发创新较多的情况下资金会出现缺口，但是高校的人才较多，研发人员以及服务人员等均有，且相对来说研究创新效率较高，出成果较多，且有一定质量保证，在此方面有明显优势。通过校企合作，企业的资金可以有一部分投入到其中的研发创新中，增加高校研发资金，同时高校的师资力量以及研究人员等可以注入企业，为各项产品技术研发提供对口人才，弥补企业专业人才缺少的不足，增加科研创新效率；同时校企在合作进程中学校所拥有的各项信息资源以及原有科研成果等均可以融入后期的研发中，将各项科研成果转化为经济产物，研发创新的同时适应市场经济的发展，使得各项研究创新有所作用，为我国产业化发展奠定坚实基础。综上所述，校企合作的创新资源是不可缺少的。

第三，主体战略。主体战略因素并不同于上面提到的创新资源等，其主要是从整体规划来进行考虑，主要为实现全局的目标。对于校企合作以及我国经济发展来说均是长远规划，并不是单方面就能说明且需要长期实施。对于校企双方的主体战略均是各高层就未来发展趋势做出的宏观决策，经确定以后会按照各项规划陆续进行。

虽然高校和企业的各项运行机制以及管理有很大的差异，但是均是由高层进行领导的，因此校企合作是否进行以及后期进程等整体规划均由双方高层确定方向，整体的方针以及合作意向等均由其决定。相对来说对校企合作非常重视的高层，在创新研发投入时会更积极，相对应的投入量也较大，同时对于校企双方组织、资源以及人才投入等方面的管理也会更加专业，为后期校企合作以及创新研究提供优良的环境，提升创新效率，加大校企合作效益。当然，如果双方的领导层将校企合作与双方发展相结合，则对应的研发、产品生产以及生活等均会主动寻求机遇与方向，积极寻找适合自身发展的条件，并不断壮大，确定长期合作，提升各自的生产创新能力以及科研能力，使校企合作利益长期化、最大化。

另外，校企双方的领导层是否重视其合作，对实现后期的发展与科研成果均起到重要作用，直接影响着双方的合作长短以及利益情况，作用于创新意识方向以及技术革新等方面，影响双方发展。整体来说，主观意识形态上的主体战略因素对双方合作影响深远。

第四，技术积累。技术积累是知识量与技术成果的积累，这是校企双方在合作过程中对自身情况的积累，随着企业以及学校的发展，技术积累会随之变动。高校以及企业的技术积累对于整个行业以及社会非常少，且创新技术以及科研成果等均较少，甚至可以忽略不计，只有不断增加各个单个个体的创新技术与科研成果，方可促进整体行业以及社会知识总量的增加，促进社会发展，从而让个体在社会中占据更重要的位置，从行业群体中脱颖而出。当然，即使单个行业占据领先地位，但是其知识与技术积累是否顺畅，也是不一定，相对应发展中时期必然有瓶颈出现，通常这时候，单独的企业自身条件有限，所处瓶颈不能很好且快速度过，就需要通过其他方面的支持，形成合作。当然有的个体相对来说非常强大且较为成熟，困难可以自己克服，但是是否为最佳选择又是值得考虑的问题，因此选择合作、创造合作机会，双方优势互补变成了这个个体的一个新选择。校企合作以后双方均可以利用对方的知识力量，用自己力量以及支撑体系完成创新研究，开发技术的时候减少各自的成本，达成技术积累的共赢。

第五，潜在风险。当然社会在变化，经济在发展，合作相对应地也有其风险存在，潜在的风险一直存在于合作进程中。在校企合作进程中双方均会投入一定的资源，但是对于最终的结果前期只是出于预测阶段，其对应的创新成果能否完成、是否能达到预期、是否对双方发展存在影响、能否创造利益等均是不确定的，这些因素并不是合作前期便可以控制的，存在一定潜在风险。以下将从两方面进行研究分析：①校企合作过程中企业是实体资源与资金的主要投入者，例如科研资金、设备、仪器等。校企合作主要是减少企业人员的投入，同时提升企业科研创新的成功率。②对于校企合作中的高校来说，资金缺乏是其主要面临的问题，且学校承担风险的能力远远低于企业，其在校企合作进程中多为投入大量的科研人员以及进行管理等，相对来说学校此方面的资源较多，所承担的风险较低。综上所述，校企合作双方均存在一定风险，在其合作进程中以及深入工作时双方均会考虑，因此适当地降低校企合作中的潜在风险也可以减少校企合作的顾虑，促成双方合作。

（2）外部环境因素。

第一，市场经济环境。市场的广义概念可以理解为商品与服务之间的交换以及其交换关系、条件以及过程，这是在商品经济下生产者与消费者双方为满足自身的需求而产生的一种交换方式。

整体的经济发展状态以及经济战略等均属于市场经济环境，校企之间的合作以及合作进程等均在此市场经济环境下进行。从经济学方向进行分析，校企合作属于市场经济环境下的一个微型经济体，通过经济行为以及发展形势等来作用于市场经济。校企合作的意向以及后期发展、创新研究、科研投入等均需要经济环境为载体，同时受市场经济的影响与限制。校企合作的目的是获得更多经济收益，因此其合作创新的成果多为技术或者产品、服务等。也正是因为校企合作的目的是经济利益的最大化，从而适应了我国市场经济发展需求，两者之间相辅相成、相互促进。当然校企合作最后所研究创新的成果最终会作用在市场经济中，因此成果需要经得起考验，适应市场经济发展，得到其认可，方有其价值。市场竞价下的生产者与消费者之间的需求也从侧面影响着校企合作进程，两者之间相互促进，相互作用，合作共享，形成更加强大的科研创新力量，推动市场经济的发展。

一方面，社会发展迅速，经济技术等日新月异，在这个知识为主的年代，科学技术更新得非常快，新产品层层推出很大程度上减少了产品市场的相应时间。经济体想要发展，需要有坚实的基础为后盾，想要跟上时代的脚步，拥有经济预见性则需要不断地创新，拥有更为先进的技术，方可在市场经济环境中脱颖而出。也只有这样，方可在后期拥有更大的生存空间，进而寻求发展。

　　另一方面，自我国改革开放以来，随着经济的快速发展，社会以及公众的需求在逐渐增加，企业以及人才培养基地的高校，都有一定的责任去创造更多的物质资源以及精神资源。双方作为个体，单独进行发展，在很大程度上存在一定差异，无法满足公众需求，因此双方合作变成了必然，也是促进经济发展的基石。虽然高校与企业存在较大差异，但是均作用于经济环境，各自之间的竞争也很激烈，因此双方合作可以提升各自的竞争力，增加发展机会。为了适应市场经济环境，为了获得更多生存空间，从而提高自身利益，高校与企业均需要时刻关注经济变动，了解目前的公众需求以及未来其需求发展方向。其中，校企合作的意向与进程等基本取决于当下公众的需求，大多是运用已有的技术加以创新，增加自身发展机会；对于公众未来需求方向来说影响的是校企双方的长期合作，直接决定着发展方向。不管是企业还是高校，长期发展是其必然选择，因此双方均非常重视公众的未来需求。综上所述，校企双方想要获得更大的经济效益并长期发展需要时刻关注市场经济环境下的公众需求，有意识地寻求发展方向。

　　另外，随着社会的发展，各项分工也逐渐细化并且开始深入，对于企业来说单独面临各种经济变化已经相对困难，将各个环节均考虑到且做得完美更为不切实际。因此，企业在自身发展的基础上需要与外界建立联系，相互之间进行合作，扩大自身业务与服务范围，同时将部分非专业事项交由合作伙伴，减少自身精力、资源的投入，从而引进更多适应企业发展的技术，对其进行创新、吸收、完善，增加自身发展机会。对于企业来说，其对应的外界组织，学校有独特的优势，科研人员较多且致力于创新研究，与高校进行合作可以相互协作，形成优势互补，促进自身发展的同时，提升经济效益，适应市场经济变化。

　　第二，社会环境。社会环境可以概括为社会发展的一种状态，在一定时间段中人们生存、发展累积的财富以及形成的组织关系。社会环境的主要内容包含的方面较多，例如社会结构、生活方式、文化、道德、价值观等。其中社会环境中的文化环境则是对企业与市场未来影响最为深远的因素，且较为复杂多变，是我国以及各地区整体发展的载体，换言之，文化程度的高低在一定程度上决定着发展水平的高低。社会文化是指人们的受教育水平以及道德修养、价值观念等，例如风俗习惯、道德规范以及审美等，当然行为、文化传统以及心理等也属于社会文化中的一种，这些社会文化作用于人类，在一定程度上影响着企业的发展，不同文化程度下的销售理念差异、不同文化背景下的消费差异等。同时社会文化也影响高校的教育教学方向，高校的教育方向与教育目标需要与社会文化理念相适应。综上所述，不管是企业还是高校，其均受社会文化环境的影响，两者之间的合作意向以及进程也受其影响。因此，高校和企业在合作时需要研究分析社会文化环境，针对社会文化的不同制定不同的策略。

　　受教育水平高低对于企业校企合作影响也较多，如双方合作的模式、水平、途径以及合作的目的等。每个人均有其特定的价值观，即对于生活中各项事物的看法与理解、评价和态度等方面均存在一定差异。不同社会环境中的人，其价值观也存在差异性，其价值观是在其所处社会文化环境中逐渐形成的，受所处环境的影响，最终又作用于环境，同时会影响外界的社会文化环境。整体社会文化环境的变化进一步对社会经济以及学术等产生影响，逐渐循环形成社会规则，影响着整体市场经济的发展。人口因素也影响着社会文化环境，即不同的地理位置、文化、年龄、性别比例以及教育水平等也会影响整体的文化环境。

对于高校而言，人口因素影响着其发展结构以及专业构成，从而影响社会结构。高校的位置以及规模受人口地域的影响，整体的受教育程度则作用于本地区的人力资源，影响着经济产业结构。人口数量以及家庭环境等因素的变化则影响着消费程度以及产品生产等。行为方式则指代的是人们的生活方式以及时尚方向。整体文化的发展以及各地域之间不断交流融合逐渐使文化向多元化发展，同时随着文化的发展与开放，人们的需求也在逐渐提升，除了日常生存开始关注社交、学习、美感等，校企合作均需要研究分析这些变化，既是挑战也是发展机遇。文化传承是一种社会习惯，这种社会习惯是各个国家经过长期的历史演变逐渐形成的，直接作用于本地域的文化环境，影响着市场经济的发展，如中国传统节日春节、中秋节等，均有一定哲理，同时存在商机，影响着经济发展，国外也有相应的节日，例如圣诞节、情人节等。

社会在不断地发展，因此社会具有一定的流动性，人口规模、社会阶层等之间存在一定转换，经济利益也在不断地流转，不同阶段校企合作的形式以及未来规划也不同。例如，高校与企业之间对员工评价则多为工资数量以及科研创新数量和发表论文篇数等。对于消费者来说则侧重于作用的结果，例如质量、学习效果、就业比例等。消费者心理在一定程度上影响着校企合作的方向，例如消费者喜欢什么样的产品，则在研究创新的时候侧重于此种商品，消费者的品味、追求、活动等均会对合作战略产生影响。因此，校企合作的时候其目标的制定需要考虑到社会各个阶层人群的需求，了解消费者心理。

第三，科学技术环境。科学技术环境则指的是社会技术总发展水平，是伴随着生产力提升而变化的。可以说在社会生产力中科学技术是最活跃的。对于整体社会经济来说创新技术与高科技的发展不仅仅影响着个体发展，同时对整个国家以至整个世界的发展均有影响，作用于政治、经济与文化中，影响发展方向，社会发展与经济发展反作用于技术发展，相互影响，相互促进。科学技术是科技发展的主要动力。对于经济体而言拥有了先进的经济技术与高新科技，就拥有了较大的优势。现如今随着改革开放的深入，经济快速发展，任何高新技术的崛起均影响着整体的发展趋势。

对于企业而言，经济迅速发展，高新技术的崛起是发展机遇，也是新的挑战，各企业需要紧跟时代发展的步伐，大力发展高新技术，关注各行各业的发展以及整体的经济趋势，在自身科技水平下不断创新突破。企业的创新发展方向非常广阔，例如新产品、新设备、新工艺、新服务、新管理、新方式方法等。对于院校而言，其是先进技术研究发展的基础，只有不断培养出更多的专业化人才，方可适应社会经济对于人才的需求，让更多专业人士投入到创新研究中。高校是科研人员培育基地，因此各项经济发展以及技术革新等均需要有超前的意识，方可培育出更多适应未来需求的人才。

另外，科学技术不仅影响着院校内部的各项发展，例如教育教学模式、科研创新方向等，同时还影响着其社会文化环境，高校的文化环境受整体社会环境的影响，二者之间相互作用，直接影响着院校未来发展。近年来互联网的快速发展加快了科学技术的传播与变化，使得其影响面更广，其快速传播特性很大程度上减少了各方交流时间，打破了时间与空间的限制，使得各项技术广为传播，各高校与企业均可利用相应的技术来进行创新，增加其竞争优势，促进发展。在此种经济大环境下，寻求突破、寻求发展成为企业与高校共同的目标，校企合作在满足双方需求的同时可以加快技术创新，缩短时间，实现资源共享的同时，走在科技创新的前端。在科学技术发展的不断推动之下，校企合作是必然的趋势。企业与学校通过资源共享，共同创新研发出新的产品以及技术，快速进入市场，增加其竞争力的同时推动社会经济的发展，社会经济的发展反作用于校企双方，逐渐形成良性循环。这个模式可以叫作"技术规划—技术创新—技术应用"模式，简单而言，新技术有一定的规划并形成规模以后相应的创新研究便会增多，产生更多的新工艺、新技术，最后应用于市场，促进社会经济发展。

科学技术其实也属于一种诱导因素，对于企业来说需要科学技术促进其发展，学校则需要对应的科学技术成果。科学技术在一定程度上影响着创新趋势与校企合作进程。基于以上原因，可以得出五点：第一，科学技术的发展促进了企业与院校对于市场与消费者之间关系的了解，分析其各项需求以及能力；第二，新型技术的出现直接增加了各相关行业的服务需求以及经济发展，增加校企合作范围的同时增加企业发展方向与业务范围，进而增加经济收益；第三，技术进步有利于更新各相关生产方式方法，减少企业生产成本，增加其产品质量，提升其行业竞争力；第四，技术的更新往往基于消费者需求，面对新产品新工艺，原有的产品则会被淘汰，侧面促进消费者购买新产品，增加产品需求量；第五，新技术的出现可以增加各校企的危机意识，增加社会责任感，投入更多的资源到研发创新中，促进我国可持续发展。环境因素对于校企合作的影响相对来说较为深远，社会文化环境既可以直接作用于校企合作影响其进程，又可以通过其他因素影响双方合作，在各个层面诱发影响着校企合作与技术创新。

科学技术环境则主要由两方面构成，分别是科技知识和技术水平，科技知识的发展侧面代表着我国科学技术的发展。科学技术环境影响着校企合作，其影响可以将其分为两方面：第一，技术创新诱导并推动着校企合作的产生；第二，落后的科学技术环境在一定程度上阻碍着校企合作的进程。经济、政治环境等因素也是存在正反两方面的影响，可以是推动力，也可能是阻力。综上所述，校企合作受各个方面的影响与制约，但是为了经济效益相互之间进行合作创新，产生新的产品与技术，作用于企业与院校，这是一张极其密集的关系网，校企合作受各方环境的影响。

4. 规制因素

合作机制需要校企合作双方主动去建立合作意向，需要制定合作发展方向以及流程等各个细节以及标准，这样校企合作时，各项研发与管理机制等方可顺利进行，方可使企业与高校两个不同的个体有相同的目标，并遵循一定规范与流程，去实现各项资源合理化应用，逐步完成目标。因此，在校企合作进程中制定相应的规范与管理标准是其顺利完成合作的要点。合作机制的内部规制主要包括五点：第一，资源配置职能。校企合作时资源有限，需要按照一定的机制进行资源划分，使其发挥作用，开源节流，提升研发创新效率，让每一份资源都能发挥其应有的作用。第二，激励职能。内部管理以及进程评价等均可以根据机制来实施，优化管理的同时激发其工作积极性。第三，控制潜在风险的职能。校企合作存在一定潜在风险，通过内部机制监督，经各项资源与动力之间进行平衡，掐断风险源头，有效防范风险产生。第四，构建合作秩序职能。可以让机制中的个体相互协作、相互信任，各司其职的同时相互扶持，促进创新发展。第五，统一标准的职能。将各项管理制度、业务流程、资源运用等进行规范，达成一致意见，在合作过程中有特定的判断标准。通过以上合作机制的职能可以将校企合作发挥到极致，保证校企合作的顺利进行，为社会创造更多新技术新工艺。综上所述，校企合作过程中合作机制必不可少。

5. 机构因素

（1）上级主管部门因素。上级主管部门对产教融合产生了重要的影响，这是因为上级主管部门在校企合作方面扮演着十分重要的角色，在校企合作中，上级主管部门不仅需要负责有关融合、发展理念的制定，还需要起到监督、管理的作用。上级主管部门所制定的一系列政策对于高校的教学开展具有重要意义，产业与教学的融合离不开上级主管部门的付出，上级主管部门只有不断改进人才培养计划，鼓励学生敢于创新、超越自我，校企合作才能够实现可持续发展。因此，上级主管部门对于校企合作尤为重要，工作效果直接会影响校企合作的进程，除此之外，上级主管部门的发展状况、社会地位对合作的成功率起着决定性作用。

（2）中介机构因素。校企合作并不是教学与企业之间自然产生的，而是通过一系列中介机构才建立联系，校企双方秉持自愿、互利、互惠的原则在中介机构的帮助下建立联结、共同进步。但值得一提的是，校企合作的过程中必然会遇到担保、调解等问题，而这些问题的解决还要依赖于中介机构，因此中介机构对于产教融合也起着决定性作用。

中介机构实质上就是企业与学校之间沟通交流的桥梁，中介机构可以为产业或高校提供相应的沟通服务，解决二者所存在的一系列问题，就当前形势而言，中介机构已经逐步趋于专业化、成熟化，是建立校企合作过程中必不可少的机构之一，中介机构主要包括金融、科技两大类机构：

1）金融机构。金融中介机构所涉及的实务均与金融息息相关，金融机构也是金融体系的重要组成部分，在金融体系中占据重要地位。对于校企合作而言，金融机构主要用于办理贷款业务以及各种形式的融资活动，校企合作通常是以科技信贷为由向国家、政府寻求帮助，由于科技投资收益可观，因此备受众多投资者的青睐与认可。

2）科技中介机构。除了金融机构外，另一大中介机构是科技中介机构，科技中介机构主要用于对科技创新的评估、决策，项目的开发、咨询等，实质上属于服务机构的范畴。科技中介机构与其他普通服务业最大的不同就在于，科技中介机构由国家资助并且主要面向校企合作提供一系列优质服务，主要目的是促进校企合作长远发展。

总而言之，校企合作的发展离不开科技中介机构的支持，科技中介机构提供的支持与服务主要分为三类：①科技中介机构提供一系列的服务支持。在校企合作的过程中，科技创新扮演着十分重要的角色，科技中介机构通过建立工程技术研究的方式，对校企合作提供必要的帮助，以及有关科技创新的服务。②科技中介机构对校企合作中的创新技术进行评估，并为之提供咨询服务。科技机构具有相应的市场优势，能够基于大数据分析整合众多信息，最终为校企合作提供咨询服务。③为校企合作提供中介服务。在校企合作中，高校与企业的对接工作就需要依赖于中介机构完成，而科技中介机构是为解决科技资源配置、人才分配、市场流通等方面的问题而成立的中介机构。综上所述，中介机构在校企合作中扮演着沟通纽带的角色，为高校与企业的沟通合作搭建了良好的后台，为二者今后的发展奠定了坚实的基础，有助于校企合作平稳、快速发展。

科技中介机构最重要的作用就是提供中介服务，它对资源的整合作用也不容小觑，下面就其两种主要的资源整合方式展开具体论述：

第一，无论是高校，还是企业，它们的选择并不仅限于一家合作机构，高校可以在不同的领域与不同的企业建立联系，企业也可以在某个领域与众多高校建立联系，这样不仅避免了重复性投资，还能够充分发挥中介机构的优势。中介机构在建立企业与高校的联结之前，需要先对二者具有全面的认识，通过大量的数据分析，最终将匹配度、耦合度最好的高校与企业建立合作。校企合作过程中必须足够重视共性技术，这样可以减少个人投资就能够获取一定的使用权，针对一些特殊的项目，机构可以考虑进行二次开发。多家机构共同协作也会面临一系列的问题，那就是存在一定成本纠纷，因此针对这些问题，企业之间仍然需要加强沟通、协作。

第二，科技中介机构帮助高校与企业建立联系，在项目开发初期，企业并不会对高校的项目进行投资，而是当项目发展到一定程度，企业才会介入并投资，将成熟的项目转化为具体的收益，这样可以降低企业投资的风险，能够让企业在看到成果的前提下投资，提升了企业的积极性，同时也意味着企业默认了一系列潜在风险，而企业的资金来源主要是政府、国家的拨款。

总体而言，科技中介机构凭借其强大的沟通调节能力，能够为校企合作提供必要的帮助，科技中介机构的介入也为校企合作的开展奠定了坚实的基础。尽管科技中介机构具有众多优势，但同样也面临众多问题，例如信用保障机制还不够完善，这会导致在校企合作过程中会存在众多利益分配不均的现象，为了有效地解决这一问题，科技中介机构还需要不断完善、探索。

二、产教融合的发展意义

纵观我国产教融合，校企协同是高等职业院校开展双创教育重要的保障机制。院校的双创教育发展于 20 世纪 80 年代末期，我国院校开展双创教育已有多年，已经将院校的双创教育纳入教育体系。随着国家创业带动就业的战略推进和构建产教融合的现代职业教育体系的提出，院校学生的双创教育在中国又发展到了一个新的转折点。

目前已经有的产教融合主要是根据学校和企业的情况双方进行深度融合。产教融合的发展实际上是经历了一段时间的摸索，学校和企业在探索中寻求最佳的解决途径。在产教融合中学校和企业始终坚持双赢原则，实施责任共担，这就形成了一种具有约束力的制度保证。一些比较主流的做法就是引入社会上管理和技术较为先进的企业，企业愿意加盟校企合作，通过利用该校的设备，进行产品生产，在生产过程中引入教学内容，校企共同制订产教融合的实施性教学生产计划，让教师学到技术，让学生加入生产，让生产产生效益，学校和企业共同发展。

随着市场经济取得了重大进步，经济的进步和发展对职业教育产生了具有深远意义的影响，包括：为职业教育提供了很好的校企合作环境、为毕业生提供了工作和实习场所，也为学校培养了大量的双师型教师。当然，经济的进步对职业教育的影响远不止如此，实际上经济产教融合水平的提升就是依靠人才素质的不断提升实现的。

实践型人力资源是根据社会发展的需要而出现的新生事物，实践型人力资源主要是指能将专业的技能和专业的知识应用于所从事工作的一种具有更强动手能力的人才，实践型人力资源需要熟练掌握企业工作所需要的基础知识和基本技能，主要是指一线从事操作的专业技术人才。主要从事一线生产的技术或专业人才，其具体内涵是随着教育历史的发展而不断发展的。总而言之，实践型人力资源是具有实际技能的人，是能把理论应用于实践的人才。实践型人力资源培养要以能力的培养为中心，突出培养每个学生的思考、掌握、应用知识的能力为主要方针，以让学生未来适应社会的需要、适应经济发展为主要目标。

在实践型人力资源理念的指导下，培养合格师资的任务也将会更加重要。学校要想实现发展目标就要提升校企合作产教融合的水平，增加校企合作的数量。经济的发展和社会的进步对教育提出了更高的要求，这种要求主要体现在对人才产教融合水平的要求不断提高。学校要能根据社会经济发展的需要灵活调整人才培养方案，提供可供经济社会发展需要的社会服务，并能开展科学技术研究，为相关行业提供前沿的技术指导，为社会经济的发展提供技术支持。

此外，高等职业院校注重产教融合的水平和达到的高度的原则不仅体现在职业院校自身专业设置、教学层面、管理产教融合的水平等微观方面，还体现在职业院校在宏观上将产教融合办学模式提高到一定层次，提高为学生、行业企业、政府及社会经济发展服务的能力。同时，高等职业院校应在保持自身优势资源、提高自身产教融合水平的同时，注重提高与行业企业、商业协会以及培训机构等多方主体合作的产教融合的水平及合作的深度，注重与地方政府、行业企业、商业协会等主体形成互利共赢，注重可持续和长远发展，注重兼顾社会效益和经济效益的合作关系。

总而言之，学校要不断调整自身的发展适应经济发展的需要，并且争取成为经济发展的助推力量。在市场经济背景下的产教融合，是一种产、学、研一体的融合模式，不仅具备教育和企业的多种功能，还具备随时应变产业结构调整和参与市场竞争的能力，是在学校、企业、行业以及社会相关部门的不同程度参与下形成的一种新的社会组织结构，肩负着助推职业教育改革和社会经济发展的重任。从这个角度来说，产教融合的发展在很大程度上会影响经济发展。

（一）提高产教融合中人才培养的水平

技能和职业素质的培养一定要具备四个基本条件：第一，有丰富工作经验的教师（师傅）；第二，有一定的职业环境；第三，有工作岗位这个载体；第四，经验积累。

在技能培养过程中，学生要在教师指导下，在工作岗位上接受长期的磨炼，积累经验，才能不断成长。正是基于此，传统的培养方式已经不能适应职业教育，只有通过创新培养模式，使高等职业院校和产业深度融合，通过"五个对接"，才能培养出高技能人才。

高等职业院校学生的双创教育发展至今，已经取得了一定成效。行业、企业本是职业教育最大的受益者，也应是办学主体之一，但对推进院校学生的双创教育关注度低，在校企合作中难以提供职业院校的学生双创教育实践平台，尚未建立院校的学生双创教育培训、实践支撑和服务体系。但是，目前职业院校的学生双创教育主要以学校实施为主，主要教育实践活动还没有参与社会实践，尚未形成政府、行业、企业和院校多主体协调推进的机制。

（二）明确行业中企业的发展需求

部分高等职业院校对学生双创教育认识存在偏差，没有将院校的学生双创教育定位为适应经济社会和国家发展战略需要。大多数高等职业院校的学生双创教育依附于就业教育，把院校的学生双创教育作为提高毕业生就业率的一种手段，把院校的学生双创教育和创业混为一谈，只是简单地向学生传授创业知识和创业技能，未能形成重视创业实践体验的、完整的学生双创教育课程体系。如果说机器设备等固定资产等因素决定行业企业发展空间的下限，员工产教融合的水平、员工素质则决定行业企业发展空间的上限。培养出高技能人才应使行业的学生有较高素质和技能，一毕业就就业，一进厂就上岗，实现了就业零距离。

目前我国职业教育已经在推进产教融合中形成了"订单式"培养、工学交替、校中厂、厂中校、"政、校、企"联动等校企合作育人模式，形成了"合作办学、合作育人、合作就业、合作发展"的校企合作人才培养理念。用人单位也节省了一大笔新员工上岗培训费，降低了企业成本。员工技术好、素质高一定能带动生产水平和效率的提高，提升经济效益。院校的学生双创教育被联合国教科文组织称为教育的"第三本护照"，和学术教育、职业教育具有同等重要的地位。

院校的学生双创教育作为一种教育体系，必须结合和渗透到现有的职业教育体系之中。但是，高等职业院校的学生双创教育在顶层设计上还没有依托产教融合、工学结合的平台，融入职业人才培养体系，作为建设产教融合职教体系的重要组成部分，在制订专业教学计划时未能把创业意识培养、创业素质的提升作为院校的学生双创教育的主要内容融入专业教育教学过程之中，渗透到理论和实践教学的课程体系，落实到各个环节，形成与工学结合有机融合、校企协同全过程培养人才的学生双创教育机制。

（三）转变社会经济发展的具体需求

我国改革开放 40 多年以来，社会经济建设取得了伟大成就，在一定程度上，人口红利贡献很大。因此，加快转方式、调结构、促升级是以后一段时期的"新常态"。创造人才红利，实施创新驱动是今后社会经济发展的助推器。产教融合是教育制度，同时它也是经济制度、产业制度的组成部分。

教育的职业性决定了学生能知晓所学专业对应岗位群，知晓通过学习能掌握何种技能，学习目标具体而明确。产教融合这种培养模式能激励学生学习积极性，有利于学生知识的构建、技能的掌握，更有"获得感"。另外，学习目标的明确可以更好地激励学生学习，在有效的动力助推下，学生更加具有强烈的自我存在感，进而自我价值相应得到提升。

第二节　新时代高校教育的发展与创新思路

高等教育是技术升级与人才培养的重要阵营。当前，在新的发展形势下，高等教育使命在肩，承担着重要责任。只有教育实现了发展，才能在新时代成就伟业。教育是普遍提升人民素质，实现所有民众均衡发展的唯一的途径。教育既是社会进步的根基，也是国家振兴的希望，是一项关系到国家前途的重要事业。进入新时期，国家也向高等院校提出了明确要求，即落实立德树人根本任务，以素质教育为载体体现出教育公平。着力推进高校教育创新发展，主要应围绕以下三方面进行：

第一，确定合理的教学内容，增强课程设置的有效性。高校在这方面要把握住经济社会发展的走势，也要在大学生群体、用人单位进行调研活动，着眼于全社会对人才的需求，增强教学内容与课程安排的可行性。在这方面绝不能盲目，要组织专家进行论证，使专业设置更加合理，并制订出细致、高效的培养方案，从整体上对现有专业进行调整，确保专业的设置能符合社会发展的需求，使学校的人才培养工作能与市场需求相对接。

"在确定教学内容时，要以需求为导向，制订合理细致的教学方案，构建层次递进、完整统一、实效性较强的教学体系。"[①] 同时，也要意识到此项工作并非一成不变的，要结合学科发展形势、人力资源市场需求等情况，对每个学科的教学目标进行调整，把专业素养转化成具体的教学内容，提高学科定位精准性。与此同时，要为每个学科确定核心课程，体现出高新技术、信息化技术等方面内容的重要性，也要适当安排一些有助于提升人文素养的选修课程。

第二，对教学方法进行改良、创新。教学质量的提升、目标的达成，这些都需要找到行之有效的教学方法。要积极运用建立在问题基础之上的研讨式教学，尤其是一些学科建设过程中遇到的重点难点问题，更要适时组织学生讨论，在激荡思想、交换意见的过程中培养学生的超前思维、逆向思维等，让学生逐渐具备强烈的创新意识，使他们能根据学科发展方向为自己的人生做好规划，也在与其他人共同研讨的过程中学会包容、合作、自我控制与管理。创新教学方法的目的就是为提升学生的素养，这就需要采用体验式教学法，因为这种教学法有助于对学生实践操作能力的培养，也要在学校的指导下提升实践课程所占的比重，不断提升学生的社会适应能力。此外，也可以开展互动教学，充分发挥出现有教育资源的优势，特别是网络资源等，使教学能变枯燥为形象、变抽象为具体，增强学生的主体地位。

第三，着手调整教学环境。良好的教学环境，应该为立德树人目标的实现和教学与科研工作的开展提供辅助作用，是高校教育创新的前提。在这方面，高校要对教师队伍结构进行调整，使教师的年龄、文化层次、专业特长等方面的结构都是合理的。在建设教师队伍过程中，自主培养应该起到主导作用，也要辅以人才引进，要确保所有优秀的科研人才都能在高校被良好的氛围所感染，在他们的带动下实现整支队伍水平的提升。在这一过程中，要把"培养怎样的人"当成探究的重点问题，要从其他国家高校引进先进的办学经验，也要从柔性管理、学术监督、制度完善等方面进行调整；推行校院两级管理体制，对教学质量进行监督、反馈，并将相关工作要点以制度的形式加以固定，围绕制度漏洞进行调整，强化教师的育人热情。不仅要扩大教学规模，还要致力于教学质量的提升，培育"名师"、打造"名课"、推选"名作"，提高学校知名度，促进教师成长，营造良好的教学环境。

① 李军鹏，徐航，吴紫薇.新时代高校教育的发展与创新[J].食品研究与开发，2021，42（20）：252.

第三节 基于共享发展的高校教育与产业深度融合

"共享发展是以坚持发展为了人民、发展依靠人民、发展成果由人民共享，并进行了相关制度和措施的制定，让全体民众在共建共享发展中增加获得感，提升发展动力。"① 共享发展所强调的是一切为了人民，对人民的生存和发展权益进行维护，其内涵深刻，从实现目的、途径、过程进行审视，共享发展是循序渐进的。

当前我国不论高等教育发展还是产业升级都面临着困境，同时两种发展的协调也存在问题。高等教育提升质量的难点就是在于专业体现无法与产业发展趋势保持一致，教师的研发技能比企业技术创新速度要慢，人才供给的素质能力与企业需求存在差距；而我国产业转型升级不足就是对资源的严重依赖，而且创新能力较低，特别是传统企业对资源的依赖性很强，是在产业链的最低端，消耗资源大，并且还会破坏生态环境，为此转型升级比较急切。高校教育与产业在融合发展中就需要坚持共享发展理念，并建立科学、合理的机制，把各自的资源进行有机融合，实现优势互补，发挥其整体功能。在共享发展理念指导下，通过机制优化、过程共建、成果共享，从根本上解决高校教育与产业融合难点，为我国人才培养和经济发展提供新的思路和动力。

一、共享发展理念的内涵

（一）全民共享

共享发展所强调的是一切为了人民，对人民的生存和发展权益要进行维护，共享发展是人人享有、各得其所，不是少数人的。发展的成果涉及的方面很多，其中包含了物质、文化、精神甚至是机会等，其包含了经济、政治、社会等多个领域的成果，这些成果都应由全体人民进行共享，而且是全方面的共享。共享优质的教育医疗社保、文化体育设施、生产生活产品、安全稳定环境和优美生态环境等。

（二）共建共享

共享发展强调的是为了人民，发展成果也是人民共享，同时也强调了依靠人民和人人参与享有的要求。共享与共建是辨证统一的。在共建的过程中才能实现共享，人民才能进行平等就业与发展，实现自我价值，参与共同建设与生产中，彰显人的价值与意义。为此就要构建一个劳动、知识、技术、管理和资本的活力综合迸发的环境，让企业创造精神与技能得到充分体现，形成良好的竞争与合作氛围。在这种氛围下，共建成果才更加丰富，才能体现出共同享有美好生活、共享发展的过程和成果。

---

① 王莉薇.共享发展视角下高校教育与产业深度融合机制研究 []].商业文化，2021（33）：63.

（三）渐进共享

共享发展伴随着生产力的推动，这样就需要把目标、发展过程、主观预期、现实可能有机统一起来。一方面，共享发展不是一帆风顺的，需要进行艰苦卓绝的奋斗，需要人们付出才能与激情；另一方面，共享发展不是平均化，共享过程需要兼顾公平、效率、积累和分配，满足民众的美好生活期望，也要对社会的持续发展慎重考虑。

二、共享发展下高校教育与产业深度融合的作用

（一）为高校教育高质量发展难点指引解决方法

高等教育提升质量的难点就是在于专业建设无法与产业发展趋势保持一致，教师可以研发转化技能比企业技术创新速度要慢，人才供给的素质能力与企业需求存在差距。推动高校教育高质量发展，就是要培养大国高科技人才和技能型人才，同时还要兼顾培养服务区域发展和中小微技术升级和产品创新的人才。高校教育要实现高质量发展，就需要对发展难点进行解决，坚持共享发展理念，教育与产业进行深度融合，教育专业发展目标和产业发展目标相结合，过程共建、途径共用、成果共享。坚持与产业进行知识、信息、数据等方面的互通与共享，调整专业体系，教育与产业发展趋势保持一致；共享技术技能积累，提升高校教师科技研发能力，服务企业技术研发和产品创新的能力；共享人才资源，与产业协同创新，培养高科技人才和技能型人才，并与产业共同享受人才培养成果，促进人才供给与产业需求的配套。

（二）为产业转型升级不足提供改进方法

我国产业转型升级不足就是对资源的严重依赖，而且创新能力较低，特别是传统企业对资源的依赖一向很强，是在产业链的最低端，消耗资源大，并且还会破坏生态环境，为此转型升级比较急切。而产业结构转型升级的核心就是对产业进行创新元素供给，优化产业结构。共享发展理念就为产业升级和创新能力发展注入了新的活力，坚持开放、对产业的视野和价值进行拓展。产业发展的基础数据、信息、知识以及创新方式等要素都是产业整体发展能力的条件，通过行业共同性资源的优化配置，有利于提升产业的核心竞争力，让产业链的建造向高端迈进，促进产业发展产生红利，具有与全球竞争的基础。在"互联网+"时代，共享经济的商业模式已经融入各个领域，对产业创新与升级具有重要的推动作用。

（三）为高校教育与产业的融合指引方向

人才培养供给侧和产业需求在结构和质量方面不匹配，教育链、人才链与产业链、创新链分裂严重，这是高校教育与产业融合发展的难点。共享发展理念强调过程共建、成果共享，发展的目的也是为了人民，发展的过程需要各个方面共同努力与协同，其发展成果也是由建设者共享。这样就为高校教育与产业融合的难题提供了借鉴思路。高校教育与产

业融合发展就需要坚持共享发展理念，并建立科学的资源共享机制，把各自的资源进行有机融合，实现优势互补，发挥其整体功能；完善激励约束机制，通过成果的共享提升融合发展的动力，优化衔接机制，利用约束问责，倒逼融合的动力，实现系统发展；健全外部保障机制，为融合发展共享成果提供法规、制度、措施、环境和文化认同等保障，让融合得到有力保障。

三、基于共享发展的高校教育与产业深度融合机制构建

（一）资源共享机制构建

1. 厘清共享资源的标准与交易方式

高校教育与产业都具有各自的资源，其属性、种类甚至是功能都是不同的，共享资源的范围应该是双方共同需求和许可的。而且高校的管理咨询知识、商品和服务专利技术是教师的知识产权，行业企业的经验、管理和服务模式以及市场竞争力等，都应受到法律的保护。因此，共享资源的种类、范围和功能等都要有明确的标准和交易方式。认证的标准需要高校和企业共同进行商定，也可以由地方工商联、商会等中介组织根据具体情况进行认定。在此基础上，对共享资源交易方式进行明确，交易配备的具体方式要严格按市场规范，对其价值进行合理的认定，然后利用货币进行结算。基于共享发展的高校教育与产业深度融合，不是仅仅限制在市场方面，还可以进行双方的共同约定进行功能互换、互通，按照相应的比例进行分享实现相应的交易。

2. 共建资源共享的信息服务平台

资源共享涵括人力、物力等多个方面，共享的主体由高校、行业、企业、政府、科研机构和第三方评价组织参与的主体构成。大数据时代，对现代企业，数据就是竞争的优势，商业数据关系到企业的核心机密，也是企业的竞争力所在，因此，要避免资源共享而进行封闭，要保持系统的开放性，进而对数据进行大量的应用，可以运用云计算、大数据等信息技术，建立专业化、系统化的行业产教融合资源信息服务平台。依托平台对各类的硬件、软件、人才、技术、服务等方面的发展提供信息，向高校教育与行业企业融合发展的多元化主体提供精准、系统的信息，并推动各种信息的有效利用，从而实现相关增值服务的发展。

（二）激励约束机制构建

1. 激励措施的配套与落实

激励措施的配套和落实也是提升深度融合的关键因素。激励措施主要是指物质和精神方面的奖励。首先，对物质奖励和税费优惠要加强政策的落实。对高校的拨款机制进一步优化，把产教融合作为拨款的重要标准，并尽量单列产教融合专项经费，进而做到对项目的支持与引导。对产教融合型企业要从金融、土地和信用方面进行综合激励，落实相关的税收优惠政策，让企业积极参与到产教融合的建设中，并发挥其重要的作用。

其次，对产教融合各种合理的利益要求要关切相关方的合理利益诉求，调节奖励共享分配方式。对高校教师专业知识和创意转化、企业服务升级、员工培训授课不受绩效工资总额限制。对企业管理人员到高校兼职或在企业承担实训育人任务给予相应报酬，并进行个人所得税的优惠。

2.问题的深入指导与改进

由于行业企业的数量比较多，其中同质化问题严重，而服务水平不足，相关教育的资格还欠缺，为此，需要进行责任倡导。对高校而言，不仅要正向激励，还要有相应的约束，这主要由于高校教育育人方向和质量的要求。对高校推进产教深度融合，需要吸收行业企业的先进管理理念和文化元素，并要进行考核问效追责，把产教融合的问题列举，形成清单并制定整改方面的制度，进而倒逼改进产教融合走向深入，精准发力，进而促进高校教育创新发展，并提升教育教学质量，为产业转型升级和提升核心竞争力提供重要帮助。对立项参与产教融合的行业企业或产教融合企业，要进行严格的绩效考核，对项目资金使用、推进效果、政策享受等方面进行综合考核，对于不良行为进行严厉处罚，从而不断推进产教融合的深入。

（三）行业组织机制构建

行业组织在高校教育和产业融合中能够发挥中介的作用，这样就能解决两种不同的属性、利益和目标等存在的差异。政府主管部门对行业组织进行"放管服"的改革，对其在产教融合发展中的角色定位，规定其具体职权，与产教融合的职能衔接起来。首先，行业商会需要利用自身行业成员构成的组织优势，集合大数据和发展趋势、企业诉求需求和行业标准等相关信息，进而提升专业化的服务，从而建设信息不对称，进一步降低教育成本，并积极引导企业对接高等教育的各种要求，从而促进产教稳定的合作关系。其次，行业组织要积极融入高校的治理结构中，加入学校理事会，对产教融合发展的制度决策和项目安排参与其中。

综上所述，共享发展理念为我国社会的推进与发展提供了新的思想，即发展理念为了人民、发展依靠人民、发展成果由人民共享的构想。这一理念也同样适用于教育与产业领域，特别是当前高校教育与产业深度融合需要在各种资源方面进行整合与共享，才能促进高校专业建设与产业发展保持一致，高校人才培养与企业需求的匹配。为此，高校共享的理念正好可以解决高校教育与产业融合的问题，通过机制优化、过程共建、成果共享，为我国人才培养和经济发展注入新的活力。

第二章　产教深度融合背景下高校教育支持体系的建立

第一节　产教深度融合背景下高校教育支持体系建立动因

一、产教深度融合的组织保障

产教深度融合能否持续、深入开展，促进政府、高校、行业间良好沟通，构建专门的产教融合协调机构是核心。政府可以建立一个长效的组织保障，来对产教融合的各利益主体进行审批、监督。另外，为了加强政府、高校、行业间的协调，保障产教融合组织运行的有效性，应建立从中央到地方各级政府部门间、高校与企业行业间的多层次协调机构，明确赋予产教融合协调机构的职责和权限，加大产教融合的组织保障能力。产教融合实施较好的国家（地区）都有完善的组织保障来均衡各主体间的利益。各国（地区）均建立了产业合作管理协会，控制和监督企业和高等院校。

二、产教深度融合的评价体系

产教深度融合和学校教学工作相同，若要保持持续健康发展，必须构建科学合理的评价体系。由于我们国家对产教融合的评价体系重视不够，截至现在，产教融合的评价体系还不是很完善。应用型本科高校需要在政府的指引下，与企业、高校、行业机构共同建立360°评估系统，按照合作的效果来找出差距，总结教训，进而制订更合理的合作方案。政府、高校、社会以及合作中的各大主体应严格地对合作效果进行考察和评价。产教融合的内涵和外延要求培养人才的产教融合水平、管理水平；同时，也要考虑到企业产生的利益、企业合作产生的成本、培养的专业技术人员的数量等。只有借助有效的、可操作性强的评价体系，才能检验出产教融合的有效性以及正确性。产教融合评价体系不仅能直接体现为企业所培养的实践型人力资源能否达到企业的人才定位，还能体现为能否帮助企业获得最大的利益，更显现为能否为区域经济发展发挥最大的作用。

产教融合评价体系设有高校产教融合专家评估机构，其职责是在产教融合的项目中，关注各主体之间的进展和评估，对其应谨慎调查，谨防合作各方进行欺骗。另外，设有高校产教融合的协商和仲裁制度，其任务是结合系统和管理手段，帮助解决高校与企业合作中存在的矛盾，增加合作的稳固性。要促进产教融合合作各方积极完善产教融合评价体系，鼓励生产，逐步开发以市场为导向的研发活动，在项目验收、科技奖励、职称评审结果的检验方面，应注意结果的创新、创意和技术水平，注重成果的适用性和市场经济产业化发展前景、产教融合合作的评价结果。

第二节　产教深度融合背景下高校教育组织支持体系建立

高校、企业之间的发展当然也需要制度化及规范化。近年来，高校与企业间的互动，引导高等教育的发展走向另一个阶段，受到社会各方的关注。但由于目前产教融合体制不完善，缺乏有力措施来规划、布局，所以产教融合的效能还未发挥。只有通过建立产教融合的组织运行管理机构、健全产教融合制度保障，才能来解决政策制度不到位等实际问题。

一、建立产教深度融合组织运行管理机构

在企业与高校的合作过程中，会涉及许多职能部门，这些部门中出现利益问题时，必须建立一个专门的产教融合协调机构，让其来解决各部门出现的难题，协调产教融合中出现的各种矛盾，从而保障政府、企业、高校的正常运行。

产教深度融合协调机构的主要功能为：①"协调企业、高等院校等多个主体之间的利益，在资本投资、合作方式和产教融合创新的渠道上，提供具体的细节管理和协调，监督生产和实施项目。"[①]②联合政府部门、高等院校，大力开展产教融合创新的相关理论研究和政策分析，制定实用和有效的政策措施，促进产教融合的顺利开展。

很多产教融合发展好的国家都成立了专门的产教融合协调机构，用来管理和沟通学校、企业和行业之间的工作。例如，德国的产业合作管理协会，监控和监管企业与高校的所有事务；韩国的产学合作科，全面掌控合作中的所有问题；美国早在20世纪60年代时就建立了美国合作教育协会，用来协调各主体之间的关系。通过以上这些成功的案例可以知道，深入开展产教融合的关键则是由教育、财政、行业等部门统一联合建立产教融合决策与执行管理协会，共同为高校产教融合搭建平台，负责统一调度的工作；积极沟通政府、高校、企业之间的相关信息，负责高校、企业双方的沟通；寻找更多企业与高校合作；对产教融合的过程进行监察，必要时实施奖惩。

产教融合教育决策管理协会和产教融合教育执行管理协会构成及其任务为：第一，产教融合教育决策管理协会由政府牵头，构成部门分别是教育、财政、发展等部门，推进产教融合工作协调指导小组的作用，加强部门之间的统筹协调，形成政策合力，尽快发布促

---

① 黄艳.产教融合的研究与实践[M].北京：北京理工大学出版社，2019：114.

进产教融合的指导意见。产教融合教育决策管理协会是做决定的组织，其任务是研究高校产教融合发展形势，规划高校发展目标和内容，协调各主体间的利益关系，制定并落实政策，检查和推进教育工程的发展。在允许的情况下，企业、高校和第三方服务机构代表也可成为产教融合教育决策管理协会的成员。第二，产教融合教育执行管理协会可由政府相关职能部门的成员和第三方服务组织构成。该管理协会是将产教融合教育管理协会的相关计划、目标、任务给予落实并实施，与各大高校、企业经理、行业经理和第三方中介组织的经理通过开会讨论、洽谈等形式确定可实施的项目、伙伴以及实现双赢的途径。

产教融合的有效发展是建立在组织保障的基础之上的，然而，在实际调查过程中发现，大多数高等职业院校目前还没有专门负责产教融合的协调机构，多数是代管，其产教融合行为很多处于自由、散漫的无组织、无人管理的混乱状态中。高校应逐渐建立专门的产教融合协调机构。由学校设计规划，组建"行、企、校"为一体的产教融合协调机构，以此为平台，以促进"行、企、校"合作主体间紧密衔接、深度合作。

按照严格的标准和要求，可建立如下管理协会：第一，教育规划和专业设置管理协会，其责任是把握行业的发展动态和国内外高校教育发展前景，从宏观方面指导高校的总体发展方向；提供行业标准、岗位能力目标，对专业设置、课程发展、教师队伍建设等进行研究；全面掌握高校、企业目前面临的问题。第二，师资协调管理协会，基于企业、学校协调的前提下，建立校企人事工作轮换制度、互相聘用制度等；建构"请进来，走出去"的教员互动机制，形成一个稳定、共享、高效的产教融合的数据库。第三，项目管理协会，管理所有事务过程中项目的合作，主要包括：①项目的过程管理：包括发起、计划、规范安排。②项目资源管理：一是人力资源管理，包括合作对象的人数、责任、事务、管理费等；二是资金管理，包括成本分布、年度利润分享、合作的预算和结算等；三是材料设备资源，包括常用的合作办公设备、教学设备、培训设备的合理使用和适当的管理。

大多数企业设立组织机构是为了企业的经营，产教融合协调机构在企业中设立比较罕见，正因为如此，在某种意义上而言，其妨碍了高校与企业之间的联系和发展。企业应设立专门的产教融合组织管理机构，按照规章制度来承担其应尽的义务和责任，鼓励高校学生与教师到公司进行学习和进修，为各大高校提供训练场地、基本设施，规定特定人员，做好安全讲解；利用好高校的优秀人才资源，与高校进行产品研发与攻关，为企业未来发展打下坚实的基础；将企业的需求融入产教融合发展过程中，通过制定目标、联手培养优秀人才，并提供基础设备支持等途径，与高校联手，共同培养满足经济发展的必要人才。产教融合协调机构不仅能为企业节省人员招聘费用、缩短职工工作时间、降低职工流失的风险，同时，为企业带来巨大的利益。

二、健全产教深度融合的制度保障

政府建立专门的产教融合监督检查机构，让相关部门对产教融合项目及其实施情况进行监管和评估。同时，监督检查机构应努力构建运行顺畅、监管有力的产教融合监督检查工作体系以及长久的监管工作机制，加快监督检查工作的制度化。除此之外，监督检查机构还应不断完善监督检查方式、方法，将有力的监督检查工作落实到产教融合的各个环节中，以助推产教融合监督检查工作的科学化。政府还应建立产教融合的评估体系，制定科学的评价标准，建立严格的评估过程，对产教融合进行全方位、多层次的评估。评估内容不仅是监督是否符合国家的法律、法规，是否对当地区域经济产生影响，还要评估高校所在的政府在产教融合中发挥的作用如何。以评估系统为基础，逐步建立激励机制，鼓励企业积极参与，激发他们的热情，对取得良好成果的企业施以多方面的奖励。如在人才培养、技术研发创新、企业综合实力评价等方面。目前，大多数高校向企业寻求合作仅仅是为了生存和发展，能够随着市场的发展趋势谋一席之地。

企业、高校、行业间需要拓宽渠道，进行形式多样的、全方位的深度合作，逐步推进产教融合的深层次发展，积极研讨有效的产教融合模式，如技术研发、岗位承包等，从而稳定长期持续的关系，促进产教融合在人才培养中发挥最大的功能。传统产教融合存在一定的弊端，我国政府、"行、企、校"应敢于创新、转变已有观念，研究更多适合于我国国情社会发展的、有效的、多层次的高校产教融合模式，对企业的合法权益加以保护，鼓励企业积极介入，调动其参与热情。产教融合的创新机制需要企业、高校、政府、行业多方面一起完成。政府应该做好规划、统筹角色，全面创造一个良好创新氛围，创造平等合作、多方共赢、全面提升的氛围，来保障高校产教融合有序地发展。

同时，积极开展产教融合，制定相应的法律和法规、制度，为产教融合提供良好的环境及资金支持；确定各主体在产教融合中的权利及义务，规范产教融合行为，为高校产教融合的长远发展提供基础。促进政府宏观管理应从以下五方面实施：

第一，完善政策、法律和法规体系。高校产教融合发展需要有政策、法律和法规及资金的支撑，只有具备完善的产教融合支持系统、多元化的产教融合模式，其才能持续、健康地发展。

第二，采取各种措施，指引产教融合各主体开展联合创新。采取各种手段和措施，积极开展产教融合，各主体通过创新联盟、产学研相结合等各种形式开展联合创新，将产教融合创新与市场创新、技术创新等有机结合，从而有效提高产教融合创新的总体水准。

第三，完善高校内部调控机制，加强改革，扩大高等院校的自主权。高校可以根据需要调整组织管理体系、专业设置，并决定办学模式和管理体系，以实现产教融合的自我调节。高校可以建立和完善弹性学制，显现学习的时间尺度、学习过程的实用性以及学习内容和学习方式的选择性。大学要加强自我内部改革，努力建立教师愿意开展科技服务和技术服务的气氛，使其愿意为企业和社会带来新的服务技术。新形势下，应该以有效整合生产活动和教育教学的资源，实现校企合作、产教融合的有利发展。学院和大学应该建立在互利共赢的基础上，建立产教融合长久的发展制度和方式，充分发挥高校的专业技术长处、教育教学的资源长处等，结合企业、行业的需求，积极提供支持和保障，包括人才、科技、教育培训等。根据高校与企业的现实状况，开展多种方式的合作，努力探索建立一个稳定的、长期的人才培养模式，培养满足社会和企业的需求的人才。

第四，完善企业内部调控机制，加强现代企业治理机制，明确责任关系，通过规章制度来规范产教融合合作活动，形成长效的发展制度。企业应当建立产教融合的内在需求机制，提高对产教融合的认识，因为产教融合对国家、社会发展的意义重大。企业应积极主动地参与产教融合活动，采取有效措施来推进产教融合快速地发展。

第五，建立风险预警体系。因为缺乏制度约束与保障，公司承担风险与压力，合作的风险性贯穿于产教融合的全过程，然而，高校自身并不具备实力把资金转化为产品。正因为如此，公司对大多数成果的转化不想承担过多风险，只想承担少部分风险。企业希望国家通过有关政策规定或介入风险投资机构、金融投资机构的方式，去跟企业共同承担风险。所以学校和企业应在政府、行业的指导下建立风险预警体系，从而最大限度地减少产教融合的风险损失，以提升产教融合发展的效益。产教融合中的参与主体——企业、高校都可以在不给对方造成巨大损失的前提下，退出合作。

第三节　产教深度融合背景下高校教育评估支持体系建立

在高校教育中，"产教深度融合具有双向融合、双赢融合和全面融合的特征"[①]，建立完善的高校产教深度融合 360°评估系统是双方深度合作的要求，产教融合 360°评估系统主要对产教融合的合作项目、形式、合作效果等进行评价。在产教融合过程中，高校经常出现争夺政府资助或优惠政策项目的情况，浪费国家资源。为此，政府必须建立一套科学、标准化的支持高等职业院校产教融合项目管理体系，制定科学的生产合作体系，制定评价标准，使评价工作具有科学性、制度性、规范性、标准性，并逐步完善产教融合合作项目、工程监理、开支审查、过程监督和验收审查，并且一定要积极严格地执行。

一、产教深度融合 360°评估系统的设计原则

产教深度融合不仅直接反映普通本科大学培养应用人才的产教融合的水平，同样，也可以反映用人的标准和企业的规范性，还可以反映企业的生产能力和技术含量。及时访问结果，收集反馈信息，将有助于促进普通本科大学校企深度合作的发展，促进高校、企业之间的合作互补，使高校与企业间达到合作、相助。高等职业院校应在国家的指导下，与行业协会、合作企业共同建立一个 360°评估系统，在合作效果评价的基础上，得出经验，

---

① 薛勇.产教深度融合：高校人才培养模式的制度生成[J].中国高等教育，2020（10）：58-60.

寻找差别，确定更有效的训练计划。职业院校在科学性和系统性评价的基础之上，遵循以下原则：

第一，可操作性原则。产教融合的评价是一个直观的感觉，必须简洁，容易实施。评价者表达出一些特殊的感情，还应该审查设置特点，最重要的是让评价者把产教融合中的优点和缺点用最简洁的词语描述出来，使评价指标体系更加具有科学性和精准性。可操作性的评价包括两个方面：一是指标的建立应清晰、易懂、简化适中，以便于数据的采集，数据的计算应该是遵循标准化流程；二是评价体系和指标计算的相应方法应该简单、科学、便于操作，为了确保评估结果的准确性、可信性，应使用科学的方法。

第二，全面性原则。事物总是互相联系的，从某一角度片面地处理问题只能显示出现象，不能揭露其本质。对产教融合的评价应从组织、管理、培养条件、教学过程和培训效果等角度进行。

第三，目标性原则。因为参加评估的人身份未知，它有一个不确定的视角，不确定评估方式，这就会出现领导评估、同行评估、学生评估等许多评估模型。

第四，指导性原则。产教融合可以反映现有评价体系，用高校与企业合作的精神来指导课程的理论学习和实践学习。

二、产教深度融合 360° 评估系统的内容构建

从高校方面考虑，在高校投入方面，主要考虑高校投入科技人员，主要考查高校投入产教融合科技人员占高校科技人员的比重；高校投入实验仪器，主要考查高校投入产教融合实验仪器占高校实验仪器的比重；高校为企业输入科研成果，主要考查高校提供给企业的科研成果数量占高校科研成果的比重；高校在合作运行过程中，考虑师资队伍，主要考查应用技术型本科高校兼职教师的比例以及具备现场工作能力与技术开发双师型教师的比例；合作课程设置，主要考查实践课程占总学时的比例、工学结合方式授课的课程占总数的比例；协调组织，主要考查是否设立企业专家工作室、专家建设指导管理协会，以及其成员校外企业或行业协会所占的比例；育人资源共享，主要考查育人资源共享程度；高校在合作效益方面，主要考虑毕业生的就业能力，主要考查毕业生就业率、对口率、起薪水平；合作发表论文，主要考查合作发表的论文量；合作发表专著，主要考查合作出版的专著数量。

从企业方面考虑，在签订技术转让合同方面，主要考查合作签订技术转让合同的数量；企业投入资金，主要考查企业投入的资金量；企业投入设备，主要考查企业投入的设备量；企业建设就业前实践的专门基地，主要考查企业建立就业前实践的专门基地能否满足要求；企业投入研发人员，主要考查企业投入研发人员占企业研发总人员的比重；合作中技术开发与应用，主要考查合作中技术开发与应用的程度；教学设施利用，主要考查教学设施的利用率；合作项目，主要考查合作项目的数量；协调组织，主要考查高校专家工作室；合作中知识产权，主要考查合作中知识产权的授权数；对区域经济发展的贡献，主要考查毕

业生占当年区域新增人力资源的比例；合作中产生的利润，主要考查合作中产生的利润值；合作产生高技术产品，主要考查合作产生高技术产品的数量；为企业培养专业技术人员，主要考查为企业培养专业技术人员的数量。

在产教融合 360°评估系统总体设计上，拟对参与主体进行分类，从高校、企业两个主体方面进行综合评价。高校评价、企业评价作为总体评价指标体系的两个一级指标，然后将两个一级指标分解为 6 个二级指标，在此基础上，对 6 个二级指标分解为 25 个三级指标。对这些指标进行选取和设计时，既要考虑合作的两个主体——高校、企业，也要考虑合作的三个方面——投入、过程、效益，使评价指标体系能较好地反映产教融合运行的实效性，以便于后续研究者参考。根据产教融合综合评价指标体系设计原则，初步设计出产教融合综合评价指标体系，高校是产教融合中培养实践型人力资源的主体，在产教融合的过程中具有举足轻重的地位和作用，所以将高校的权重设为 0.5。从高校角度构建评价指标，主要为"高校投入""合作过程""合作效益"3 个二级指标和 10 个三级指标。企业是产教融合中培养实践型人力资源的主要合作对象，也是决定实践型人力资源培养的关键合作对象和输出对象，所以将企业的权重设为 0.5。从企业角度构建评价指标，主要为"企业投入""合作过程""合作效益"3 个二级指标和 15 个三级指标。

高校产教融合是适应社会的发展需求、是教育教学的资源与社会目标协调发展的必经之路。本书通过对产教融合法律和法规保障、经费保障、组织保障及 360°评估系统的研究，认为产教融合要想从根本上得到发展，政府必须把以上四大层面的问题进行解决：建立一套适应产教融合发展的规范的、成熟的法律和法规政策，来明确参与主体的权利、义务，监督、约束各参与主体的行为；拓宽产教融合经费的筹措渠道，加大企业税收优惠政策，完善产教融合风险投资机制，使高校、企业能积极参与到合作中；建立完善的产教融合组织运行管理机构、产教融合制度保障来规划和完善现有的体制，充分发挥它们的效能，解决实际问题；建立合理的产教融合 360°评估系统，对合作中涉及的资金、项目、组织结构、合作效果等进行评价，建立一套科学性、权威性、标准性的支持高校产教融合发展的管理体系。

从国家层面上，对高校产教融合支持系统进行研究和设计在国内尚属首例。研究至此，深切地感悟到中国高校产教融合是一个庞大而复杂的问题，要从宏观层面上把握高校产教融合支持系统的研究，还需要更多的实践和理论。研究提出了一些原创性的观点，但由于可借鉴、参考的相关文献有限，在学理层面上不够深入，在方法层面上不够成熟，在应用层面上不够具体，留下了一些今后需要改进的内容。

第三章 产教深度融合背景下高校教育的发展与优化

第一节 产教深度融合背景下高校教育的经费发展与优化

自从人类通过贸易来增进相互间的福利开始，货币就作为一般等价物成为各种资源交换的媒介，人类通过持有货币可以购买能满足自己需要的资源，同时也可以将自己的资源兑换成货币储存起来或借贷出去。近现代社会以来，经费逐渐在个人和组织的生存和发展中扮演着越来越重要的角色，个人或组织一旦没了经费，就会丧失在现代社会生存的来源。同时，没有足够的经费支持，应用型高校产教融合动力不足，就难以进行长期的发展与优化。

一、产教深度融合背景下应用型高校办学的经费有限

应用型高校办学规模小，办学经费有限，难以为深化产教融合提供充足的动力。例如，部分规模较小的人文社科类部属高校的经费预算较高，而经费从源头上决定着高校可以调动的人力、物力、技术等资源，应用型高校经费的缺乏，直接导致其在深化产教融合的过程中受到影响。

二、产教深度融合背景下教育专项经费需加强支持

各地可结合现实状况，完善相关财政政策，对改革试点统筹给予倾斜支持，加大对产业发展急需、技术性强、办学成本高和艰苦行业相关专业的支持力度。"建立以结果为导向的绩效评价体系，中央财政根据改革试点进展和相关评估评价结果，通过中央财政支持地方高校发展等专项资金，适时对改革成效显著的省（区、市）给予奖励。"[1] 然而，很多应用型高校并没有获得相关的教育财政专项经费。从理论来看，实践型人力资源的培养可能比学术型人才和技术技能型人才的培养更耗费资源，因而需要更多的经费支持。

另外，鼓励应用型高校健全多元投入机制，积极争取行业企业和社会各界支持，优化调整经费支出结构，向教育教学改革、实验实训实习和"双师双能型"教师队伍建设等方面倾斜。许多应用型高校也通过项目立项等形式设立了专项经费，但这些经费数额有限，无法为应用型高校深化产教融合提供有效支撑。

---

[1] 黄艳.产教融合的研究与实践[M].北京：北京理工大学出版社，2019：93.

应用型高校的二级学院是深化产教融合的改革试点和实施主体。深化产教融合，要求二级学院在学科专业调整、课程开发、教学改革、实验实训实习基地建设、"双师双能型"教师队伍建设等方面实施综合的系统改革。

第二节　产教深度融合背景下高校教育的学科发展与优化

学科是知识分门别类的结果，学科的细化和交叉形成了专业。专业的设置与变更，主要受到两方面的影响：一是产业细化或职业发展变化；二是科学发展的综合与分化。学科建设水平决定着学科发展水平，学科建设可以为学科发展提供高水平的师资队伍、教学与研究的基地、包含学科发展最新成果的课程教学内容等。

一、产教深度融合背景下应用型高校学科数量较少

学科数量和实力是应用型高校深化产教融合（主要是校企合作方面）的基础。高等学校是以高深知识的创新、传播和应用来服务社会的，建立在知识创新和应用基础上的科研技术水平（或产品研发能力）是校企合作的重要资本。

从高校和企业在人才培养和项目研发方面的合作看，相比于应用型高校，研究型大学利用其在学科、技术、设备、政策等方面的优势，获得了大型企业尤其是从事战略性新兴产业的大型企业的兴趣和支持。由此可见，一所高校的学科数量越多、实力越强，其科研技术水平和产品研发能力越高，越能为企业和社会提供好的服务，越能在校企合作市场上占据优势。根据目前的评价体制，如果某个一级学科具有博士学位授予权，则说明其学科实力较强。据此，可从高校的学科设置及其具有的一级学科博士学位授予权数量，大致估计其科研技术水平。相比于研究型大学，应用型高校主要以本科为主，拥有少量硕士点，学科实力和科研技术能力较弱，很难得到大型企业的支持。

因此，以技术交换为支撑的校企互利合作，不仅能吸引大企业加盟，而且能切实推进产教融合，促进大学和企业在人才定制培养、学生实习实践、共建研发平台与合作研究、设立教育发展基金等方面开展长期深入的合作。不仅如此，研究型大学和许多大型企业建立了合作关系，几乎垄断了区域校企合作的高端市场，这增加了应用型高校和大型企业建立合作关系的市场准入难度。

二、产教深度融合背景下师范类应用型高校重视人文学科

学科和专业是高等教育培养人才的重要载体，应用型高校深化产教融合有必要依据产业发展需求调整学科方向和专业设置，建立密切对接产业链、创新链的专业体系。但是，基于知识分化与产业细化的学科专业和基于经济分散与集聚的产业之间并不是严格对应

的，很多专业尤其是人文社会学科专业（如哲学、文学、社会学、史学等）和产业之间的联系相对疏离和模糊。由此可见，应用型高校的学科专业设置越偏重人文社科学科，越没有和产业融合的空间，其深化产教融合动力也越小。

一般而言，理工类学科专业比人文社科类学科专业容易进行产教融合。师范类应用型高校偏重人文社科类的学科专业设置，导致其深化产教融合的限制较多、困难较大，产教融合的动力和水平较低。反之，学科专业设置偏向于理工类的应用型高校，深化产教融合的动力较为充足，产教融合的水平多居全国前列。

三、产教深度融合背景下研究型大学的制约

研究型大学通常是在某一国家或地区比较有影响力的中心大学，它们是知识的创造者和国际知识系统的重要组成部分，获得了大部分研究经费，培养了绝大多数博士研究生，是公认的学术领袖。研究型大学不仅支配着处于边缘地位的应用型高校的发展，而且给应用型高校深化产教融合设置了诸多挑战，这种挑战在应用型高校的学科专业调整方面表现得尤为明显。

一方面，研究型大学垄断了高端实践型人力资源的培养，抑制了应用型高校在更高层次深化产教融合的动力。根据目前的人才培养体系，如果把应用型高校培养的人才定位于区别于高职高专的高层次实践型人力资源，那么专业学位的硕士和博士研究生可谓是高端实践型人力资源。专业学位是培养高端（硕士和博士研究生）实践型人力资源的主要通道。并且在培养教学、科研岗位所需人才的同时，大力培养经济建设和社会发展所需的应用型人才，鼓励有实践经验的优秀在职人员采用多种形式攻读硕士、博士学位。而且，相对于本、专科层次，在研究生层次深化产教融合更有意义。因为，本科层次比较强调通识，注重人的多学科学习和多方面发展，专业划分也比较粗略，专业和产业甚至职业之间的联结松散。研究生层次更强调学生在某一领域或某一专业的专研，专业划分较细，高校在专业划分上的自主权和灵活性也较强，也更容易实现职业教育和产业发展的融合。然而，我国的高端实践型人力资源已经被研究型大学垄断，应用型高校在资源和制度上均没有培养高端实践型人力资源的条件和资格，这无形中削弱了应用型高校在更高层次深化产教融合的动力。

另一方面，部分学科本身就是应用型的，研究型大学在这些应用型学科专业上的强势，弱化了应用型高校深化产教融合的动力。人类认识世界和改造世界的过程，要经过理论、理论的实践性转化、实践应用三个具体阶段。与每一阶段相对应的人才类型可以划分为：学术型人才、工程型人才、技术技能型人才。因此，知识也可被分为理论知识、应用知识和技术技能。学科是知识制度化的分类与整合，除理论知识外，学科内部天然内含着应用知识和技术技能。从大学学科的发展看，中世纪大学所开设的文、法、医、神四个学科都有很强的应用特点。工业革命之后整体生态科学技术的迅猛发展，从而提高了大学内部应用知识和技术技能的比例，这不仅使医学、法学等强应用学科流传至今，而且使工学、农

学、艺术学、管理学等强应用特性学科充实到大学之中。

无论是从高等教育分层分类的思想，还是国家政策的导向，抑或是地方普通本科高校发展的困境看，着力发展应用型本科教育似乎是地方本科院校摆脱发展困境的唯一出路。但是，现实的情况是，大学并没有夸张到一心培养学术型人才的地步，大学的基因中内含着应用的要素，应用型教育和应用学科专业在现代大学中占据着很大的比例，也有着不凡的规模和地位。

第三节 产教深度融合背景下高校教育的师资发展与优化

教育是教师培养学生的活动，没有好的师资，实践型人力资源的培养就不可能结出人们预期的硕果。因此，加强"双师双能型"教师队伍建设，是在以往"双师型"教师基础上对教师素养要求的进一步提升。"双师型"教师主要指"双证"或"双职称"教师，这类教师既具有专业技术人员、工艺师等技术职务，又取得教师资格并从事教育教学工作。"双能型"教师则要求教师既具备理论知识的传授能力，又具备实践教学能力。应用型高校深化产教融合迫切需要"双师双能型"师资的保障，但是应用型高校在短期内很难聘请到或培养出"双师双能型"教师，这进一步削弱了应用型高校深化产教融合的动力。

产教深度融合背景下高校教育的师资优化主要从以下三方面着手：

一、校企合作开展人工智能师资培训的理性分析

（一）企业资源深度介入，赋能师资培训

1. 企业资源正在深度介入高校人工智能师资培训。企业联合高校开展人工智能师资培训，利用自身资源和技术赋能师资队伍建设，除了派企业工程师去高校或者通过培训项目进行分享交流，还提供丰富的教学资源。

2. 企业资源赋能解决高校开展人工智能教学实践的痛点。企业为了解决高校缺乏教学资源、实践平台、师资队伍等难题，助力高校人工智能课程建设，在培训后为高校提供课程、软硬件、实践平台、实验环境等全方位的授课支持。例如，"华为利用其自身在人工智能领域的实践经验和核心技术，为高校提供一站式、多领域的案例集和丰富的实验环境"[1]；腾讯也将技术资源注入高校教学中，提供企业优秀案例以及基于腾讯云搭建的实验平台和相关云资源的支持。由此可见，企业资源正在深度介入高校人工智能教育，还值得注意的是，企业也在投入大量人力、物力为高校搭建人工智能类课程的教学平台（如百度的 AI Studio 教育版）以及一站式开发平台（如百度的 AI Studio、华为的 ModelArts），还应

① 李永芳.基于华为 ICT 学院的通信技术专业校企多维度合作的研究与实践 [J].电脑知识与技术，2020，16（6）：237.

切实解决高校缺乏教学资源和实践平台的问题。

（二）校企互助建立人工智能人才培养生态

1. 高校需要借助企业资源建立人工智能人才培养生态。高校在开展教学实践的过程中存在缺乏师资、平台、算力、实践机会等问题，由此可见，高校要建立人工智能学科生态离不开产业界的技术与实践支持，需要主动引入企业资源，加强与企业的合作，将企业的先进技术、资源、产品等融入课程建设和师资队伍建设中，形成人工智能人才培养的生态。

2. 企业正在借助师资培训建立人工智能生态。企业要解决自身的生存和发展问题，需要从理论技术型企业发展成一个产品商，进而转变成生态，这个过程最重要的是解决最开始人才启动的问题，显然高校教师是生态构建的星星之火。企业联合高校开展师资培训是企业在建立人工智能生态时使用的一种策略，希望借由高校作为抓手和落脚点，通过开展师资培训向高校教师推广好用的教学产品和实践平台，打通人工智能教育的全链路，实现技术成果转化到落地应用的无缝连接。截至 2020 年 12 月，超过 200 所高校的近 300 位老师已在百度的 AI Studio 平台开设课程并带领学生完成实践项目学习；AI Studio 平台上已经积累了 30 多万开发者、40 多万的案例工程和数据集、4000 多门精品课程内容，由此可见，百度通过联合高校开展师资培训建立人工智能生态取得了显著的成果。

（三）产业界与教育界的跨界融合

我国人工智能人才培养体系发生了新变化，产学合作协同育人已经成为大势所趋。校企合作已经从技术共研转到人才共育的深度融合，这种关系的升级主要体现为两点：①校企携手共进，改变长期以来高校人才培养滞后于产业界需求的现状；②企业技术赋能，助力产教融合落到实处。校企合作开展师资培训是产教融合背景下的必然选择，通过校企合作将高校科研优势和企业资源优势相融合转化为育人优势，实现教育界与产业界的跨界融合。

二、校企合作开展人工智能师资培训的教学实践

（一）遵循培训与教学的融合理念

开展人工智能师资培训需要加强训教融合，实现培训与教学实践有机融合。

1. 选择符合教师教学需求的培训内容。结合高校人工智能课程建设需求和行业发展趋势，培训内容主要聚焦人工智能热门应用方向，如百度开展的深度学习师资培训班主要聚焦计算机视觉（CV）和自然语言处理（NLP）两大板块；腾讯针对高校教师定制开发了一整套人工智能课程，培训内容紧紧围绕人工智能前沿技术，覆盖机器学习、自然语言处理、计算机视觉等领域。

2. 打造匹配教学实践的课程体系。课程体系设置主要包括行业分享、理论教学、实践讲解、实践操作、作业点评、硬件教程、竞赛打榜、交流答疑、结业考试、经验分享、

颁发证书等环节。培训内容和课程体系设计符合高校课程建设和教师教学实践的需求，培训成果可以直接指导教师的教学实践。由此可见，教学实践对开展师资培训具有重要的指导意义，真正有意义的培训要实现培训内容与教学实践的有机融合，让培训真正赋能教师的教学实践。

（二）加强配套丰富的教学资源

1. 为教师提供学习资源包。为了提升培训效果和体验感，企业为教师免费提供丰富的课程"大礼包"，包括配套的专业教材、全套 PPT 课件讲义、视频教程、行业真实数据集、免费 GPU 算力、硬件教具等软硬件学习资源。除此之外，为了帮助教师开展高强度的代码实践，还可引入实践实训平台，如百度、华为、谷歌等开源平台，旨在帮助教师实现理论水平与实践能力的双提升。

2. 为教师提供开课资料包。企业在培训结束后还免费提供全套开课资料包和实践平台，为高校教师提供可持续发展的全方位授课支持。例如，百度为学生提供人工智能学习与实训社区——AI Studio，它集开放数据、开源算法、免费算力于一体，为学生提供高效易用的学习和开发环境、丰富的体系化课程（如 CV、NLP 系列课程）、海量开源实践项目（如机器学习、深度学习）以及高价值的 AI 竞赛（如飞桨大赛），还针对高校教师教学需求提供 AI Studio 教育版，增加教务管理、学习进度跟踪、在线自动评分、制订教学计划、发布教学内容等教学服务功能，解决学生实践难和教师备课难的问题。

（三）不断创新新型的教学方式

1. 采取"理论讲解 + 实践操作"的教学方法。目前校企合作开展的人工智能师资培训都是采取的"理论讲解 + 实践操作"教学方法，企业和高校专家联合授课，高校讲师团队负责理论讲解和代码详解，企业工程师负责技术讲解和实操讲解，在进行深入的理论讲解后，结合具体案例进行理论分析，深入浅出，培训过程注重理论与实践的结合。

2. 采取小组合作的学习方式。培训全程采取小组合作探究的学习方式进行组队 PK，以竞赛打榜的方式激发教师的学习热情，共同探讨问题解决方案的同时促进同行之间的深度交流，形成组内合作、组间竞争的良性互动关系，提升培训效果。

三、校企合作开展人工智能师资培训的优化建议

（一）方向层——理念革新

师资培训本质上也是一种教学实践，需要从符合教学规律的角度思考校企合作开展的人工智能师资培训，回归教育的本质。

1. 遵循因材施教的原则，开展精准化培训。精准培训需要根据教师的个性差异进行需求分析，把"以需定培"作为培训的核心理念。精准培训始于精细的课程设计，设计者需要进行精准化的需求分析，如此有助于掌握教师的专业认知水平和教学实践痛点，从而

精准地、有针对性地进行内容选择、项目聚焦、课程设计、目标设定和效果预设，让差异化教学和个性化学习成为可能，从而实现培训起点精准化、过程精准化、结果精准化。

2. 遵循循序渐进的原则，开展系统性培训。目前开展的师资培训都是统一化的，而参加培训的教师专业水平有高有低，统一化的内容不适合所有教师，课程可以按内容的难度分为初级、中级和高级三个层级，使培训内容能够适合更多不同水平的教师，再结合知识的逻辑系统和教师的认知发展顺序，开展系统性的师资培训。

（二）路径层——方法创新

1. 教学方法创新：建立项目化师资培训模式。相对于目前分散的单个案例教学，项目化培训能够增强学习的连贯性。单个案例教学类的模块化培训使得教师需要在多个主题之间切换，会增加教师的认知负荷，而基于项目的学习是从真实的问题出发，教师通过自主探究和小组协作的方式解决问题的过程，将培训主题项目化，以任务为驱动，使教师之间容易形成学习共同体，促进教师深度思考的同时提高参与度。例如，IBM 在培训中就融入设计思维的创新方法，结合设计思维方法将课程学习内容运用于企业实际问题的解决，提升教师的问题解决能力。

2. 评价方法创新：建立基于证据导向的评价体系。通过证据的呈现能够掌握教师的学习是否真实有效地发生，线下开展的师资培训就可以通过行为观察、评价量表、作业测评、问答测试等学习过程行为记录和各类知识检验，获取阶段性的学习数据；线上的就可以通过分析在线学习行为、教师评价、学伴评价、交互问答、检测练习、成果展示、调查问卷等方式进行学习数据的收集，这些都是基于具体证据导向的数据，通过对这些数据进行分析、转换和挖掘，生成形成性和表现性评价结果。

（三）操作层——技术迭新

1. 优化培训的教与学：引入智能化培训系统。信息技术的发展改变了传统的教学方式，人工智能师资培训更应该引入智能化教学支架，如利用人工智能技术实现自动批改作业、自动生成学情分析等，在培训过程中进行培训资源的按需推送和培训伙伴的智能推荐；还可以为参训教师搭建学习平台，通过生成数字化学习资源和创建线上班级群，帮助教师随时获取所需的学习资料和找到解答问题的途径。

2. 优化培训的管理：建立教师电子档案袋。高效的班级管理有助于提升培训效果，在云平台的支撑下，可以通过建立教师的电子档案袋提高管理效率，减少冗余环节，从而减少班主任的工作量。电子档案袋通过将教师培训前、中、后产生的数据和信息集于一体，实现管理的统一化和痕迹化，便于开展过程性和终结性评价，也为培训主办方提供决策依据，同时也可以帮助参训教师进行反思和回顾。

第四节　产教深度融合背景下高校教育的设施发展与优化

教育教学的场地设备是影响教育产教融合水平的重要因素。应用型高校深化产教融合，需要实训实践基地、实验室和教育教学设备的支撑。

一、高校教育中就业前的实践基地数量较为有限

就业前实践的专门基地也称实训中心，是学生实习（实践）和培训的主要场所，既包括学校自己筹办建立的校内就业前实践的专门基地，也包括学校和企业合作建立的校外就业前实践的专门基地。就业前实践的专门基地是提高实践型人力资源实践能力和职业素养的重要场所，一般为真实或仿真度较高的生产车间或场所，配备有一系列可供学生操作的设备和仪器。

应用型高校的校外就业前实践的专门基地较多，只要和企业建立合作关系，企业基本可以成为学生的就业前实践的专门基地，尽管一些企业只允许学生在企业的特定部门或车间实习。较之校内的就业前实践的专门基地，教师和学生在校外就业前实践的专门基地进行教学的交易费用很大。其原因在于，学生到企业实训的交通费、住宿费花销较大，学校和学生都不愿意承担这笔花销。因为，一则学生交纳了学费，按规定已经交纳了参加实训等人才培养的费用，不应该再交纳其他费用；二则应用型高校的学费收入和办学经费本就紧张，因此不愿拿太多的钱支持学生到校外实训。

二、实验室条件与运行维护需加强资金支持

实验室，也称实验教学中心，是理工类学科培养人才的重要载体，也是应用型技术技能型人才培养的重要教学设备。实验室是应用型高校在校内培养人才的重要场所，其经费来源渠道一般为学校自筹、政府专项财政支持和企业募捐等。

应用型高校实验室的经费投入有限。受办学经费的限制，应用型高校很难自筹经费建设大型实验室。以重庆三峡学院为例，其计算机实验教学中心、三峡库区水环境演变与污染防治实验室的建设经费，很大部分源自"中央与地方共建高校基础实验室项目"。

应用型高校实验室的数量少，多数实验室处于基本可以支持人才培养的水平。应用型高校几乎没有国家级重点实验室，省级重点实验室数量一般不超过五个，实验室的条件还相对简陋。应用型高校实验室的运行和维护经费有限。实验室的运行和维护包括购置教学设施和实验教学软件，改造实验室环境，安排专门的管理人员。受经费限制，应用型高校很少更换教学设备和实验教学软件，很多实验室建成后几乎没有装修过。由于实验室管理人员没有编制、工资低、工作时间长（很多实验室是 24 小时开放），且要具备一定的专

业知识（如化学实验室管理员必须掌握一定的化学知识），学校很难招聘到好的实验室管理人员。为此，不少应用型高校只好安排教师轮流值班或者高年级学生轮流值日，维持实验室的运行。

三、实践教学的相关设备购买亟待优化

众所周知，大学的一些教学设备非常昂贵，一台仪器、一块材料、一些药剂的价格可能动辄上万。应用型高校经费有限，教育教学设备本就不足。雪上加霜的是，应用型高校深化产教融合培养实践型人力资源，需要购买大量的生产一线的教学设备。实践型人力资源的培养需要让一批又一批的学生长期反复实践学习，校企合作不畅也反过来要求学校购买较多的实践教学设备，这两方面的现实越发加剧了应用型高校教学设备的紧缺。

此外，要按照所服务行业先进技术水平，采取企业投资或捐赠、学校自筹、融资等多种方式加快实验实训实习基地建设。捐赠是希望应用型高校激发企业的善心，而企业更需要现实利益的激励。

第四章　产教深度融合背景下高校校企一体化办学发展

第一节　产教深度融合背景下高校校企一体化办学的模式

一、产教深度融合背景下高校校企一体化办学模式的要素

（一）利益相关者理论

利益相关者理论认为，在经营管理活动中管理者有必要综合平衡各个利益相关者的利益诉求，利益相关者只有在预知获得激励和补偿的状态下才会有无尽的动力和活力，这一理念为实现校企深度融合提供了理论基础。

利益相关者理论认为，一个组织获得长期生存和繁荣的最好途径是：考虑其所有重要的利益相关者并满足他们的需求。同样，良好的利益机制是推进校企合作深度发展的动力和维系校企合作良性运转的纽带。作为一个典型的利益相关者组织，高职院校在开展校企合作的过程中，不能仅仅关注学校自身的发展和高技能人才的培养，还要关注学校自身发展与其他利益主体和谐共存的问题，关注在与利益相关者合作过程中如何趋利避害。

（二）高校教育校企合作利益相关者

利益相关者就是任何可以影响组织目标的实现或受该目标影响的群体或个人。一个组织的利益相关者必须具备三个属性：合法性，即相关利益被法律和道德认可；影响力，即具有影响组织的地位、能力和手段；紧迫性，即其主张或要求可立即引起组织决策者的关注。利用利益相关者理论分析高职教育校企合作，并不是在"以营利为目的"的"企业"的意义上使用利益相关者理论，而是作为一个非营利性组织来理解。

大学的利益相关者划分为四个层次：第一层次是最重要的利益相关者，包括教师、行政主管和学生；第二层次是重要的利益相关者，包括董事、校友和捐赠者；第三层次是"部分拥有者"的利益相关者，包括政府、银行家、学校规章制度的调节者和许多学术活动的评审委员会，即他们只在特定条件下才成为大学的利益相关者；第四层次则是次要层次的利益相关者，包括市民、社区、媒体，他们是大学的利益相关者中最边缘的一部分。

（三）产教融合与校企一体化的要素

以高职院校为例，高职院校独有的特性，决定了高职院校发展必须引入"产教融合与校企一体化"的理念。根据利益相关者理论，我们重新梳理政府、院校、产业（企业）、科研机构、市场之间的多方关系，形成了"共同愿景、共构组织、共同建设、共同管理、共享成果、共担风险"的相关利益者，架构了"合作办学、合作育人、合作就业、合作研发、合作发展"[①]五位一体的政、产、学、研、市一体化办学模式。政、产、学、研、市五个核心要素只有这样紧密合作打造共同体，才会有生命力，才能满足和适应区域社会、经济、行业企业的需要，获得可持续发展。"高职教育体制机制的滞后所导致的专业教育与产业结构、产业需求与人才供给的失衡始终困扰着高等职业教育的发展，为破解这一难题，需深入探索现代职业教育体系发展和产教融合与校企一体化的核心要素[②]。"

1. 产教融合与校企一体化的核心要素

作为产教融合与校企一体化的核心要素，"政产学研市"分别代表着政府机构、行业企业、高等院校、科研机构和市场五个主体。这五个主体的系统创新合作，代表着技术创新上、中、下游及创新环境与最终用户的对接与耦合过程，代表着从市场出发到最后回到市场的闭路循环。

（1）"政"指政府机构。政府机构在地方职业教育中具有主导作用，如办学方向主导、政策主导、项目主导、资金主导等。政府机构主要是宏观引导，制定相关政策措施，引导各方资源、各方利益合理构架，实行市场化运作，使创新成果快速转化应用，实现经济价值。

（2）"产"指行业企业。行业企业主要体现在全面参与学校教育过程的指导性，主要是指参与高等院校制定人才培养方案和规范标准等，发挥在校企合作中的牵线搭桥作用，推荐行业龙头企业与学校合作，提供行业最新资讯和合作项目等，指导校企合作。当然，企业也可充分利用自身面向市场经济的资源提供社会需求信息，结合科研机构和高校的研究成果进行企业创新和产品创新，寻找适合于企业发展的动力。

（3）"学"指高等院校。高等院校不仅聚集着大量高级专业人才，而且作为社会人才的培养基地，在知识含量、技术提升、观念更新、信息传播等方面都具有独特的优势。学校主体必须体现育人服务和社会服务的主体性，即学校发挥自身优势，提供场地、设备和师资，吸引行业企业参与校企合作，促进合作培养高技能专门人才。

（4）"研"指科研机构。科研机构集聚众多优质创新要素，在技术研发与转移、产业再造和制度创新等方面都发挥着重要作用。科研机构以其研究方向的专业性、研究技术的先进性及专业人才的集聚性等特点，借助社会、政府、企业所建立的平台与资源，推动企业以及行业的整体发展。科研机构的建设为五位一体的实施提供了保障。

---

① 贺星岳. 现代高职的产教融合范式 [M]. 杭州：浙江大学出版社，2015：64.
② 汪焰. 产教融合与校企一体化的路径分析 [J]. 浙江工贸职业技术学院学报，2015，15（2）：1.

（5）"市"指市场，泛指社会需要，是"政产学研市"五个核心要素合作的统一，是五位一体合作的最终目的，也是创新的出发点和落脚点，是服务的起点和终端。当然，"政产学研市"五位一体也是市场的常见形态。市场在通过自身机制的调节提高用户在社会中的工作效率和生活质量的同时，也承担着评价与检验产教融合与校企一体化人才培养质量的职能。

2. 产教融合与校企一体化要素的关系

"政产学研市"联动合作办学模式的特点是在推进校企合作中坚持政府引导、行业企业指导、院校主体、科研保障、市场运用，从而形成和谐的"生态圈"。五个主体相互支持、相互渗透、优势互补，通过利益互赢、责任共担、契约化管理等方式，通过构建"政产学研市"一体化联动机制，确保形成一体化的"教育服务利益联合体"，加速区域产业结构转型升级，促进社会创新和区域经济发展。这种教育服务利益共同体的"政产学研市"合作模式，克服了以往校企合作的表面化，在合作理念和运行方面找到共赢的结合点，真正体现了各个主体参与人才培养的体制机制，有效提高高职院校的人才培养质量。

3. 产教融合与校企一体化教育的流程

高职校企一体化教育流程的操作体系，将五大要素归类于两大生态系统，即学校教学性生产生态系统和企业生产性教学生态系统。如前所述，在本流程教育性主导理念下的校企一体与一般校企结合的区别，就在于学校的专业实践教学，甚至校内的专业性实训教学也是在生产过程（或模拟性生产、拟景式实验）中完成的，使专业性与生产性紧密结合在一起。这种变革充分体现了课程范式项目化的特征，实现了专业教学实践与专业生产实践的链接，本流程称之为教学性生产生态系统。另外，本流程下，企业的生产因学校服务的介入和企业自觉分担育人职责的履行，企业的生产性与学生学习性生产在内容和形式上达到了高度统一，使生产职能赋增了教育性，在同样的产品中注入了不同的内涵，形成了生产性教学的新模式，这是与一般企业生产的重要区别，本校企一体化的教学与生产两个生态系统的次系统是呈链状结构，而且两者间的链接点相互联系和相互作用。

首先，校企一体化的基础平台是学校和企业，联系的特征是教学性生产和生产性教学。在各自体系的构成上次生链有明显的差异，如生产性教学是融通于企业生产系统之中，而绝不是取代或改变企业的生产性质。因此，企业的生产是特定的、具体的，由此分化出众多的行业或企业，构成同类或他类的产业集群和产业链。确定了产业后，随着产品生产环节的分类，需要进而对主要技术进行分解，生产的统一性促成了相关技术的统一性，即分中有合，合中有分，生产技术链形成。技术表现的主体是相关的专业人才，这是企业生产生态中不可缺失的因素，以生产产品技术需求配置专业技术人才，人才链由此生成。同理，学校教学系统对应于企业生产链，内在的次生链也可分为专业链、课业链、能力链等节点，这也是由学校教育的规律所决定的。学校专业人才培养目标的实现，首先需要专业及专业群来分担；当专业确定后，体现专业之不同或执行专业计划最重要的载体是课业，它包括大量的学科群和活动网；职业教育课业教学的落脚点是准职业人才的培养，而专业实践教学的重点是职业能力的培养。由此可见，学校教育与企业生产的运行规则各有侧重，甚至存在着根本性的区别，对此在研究校企一体化关系中绝不能回避。

其次，校企一体化教育流程的机制建立，就是在不同链接点上找到相通联动的内因和接纳的因子。校企一体化中专业链与产业链、课业链与技术链、能力链与人才链就是"一体化"的连接点。开哪些专业的重要依据是区域行业产业人才需求的动态和趋向；给学生教授怎样的专业知识，配置哪些课业体系，则参照企业生产的核心技术及项目生产必备的理论基础知识；综合产业与技术对人才素质的要求，学校的教育教学活动进而强化学生的专业技能，提高动手能力。

最后，高职校企一体化教育流程的目标是实现利益双赢。一方面，确保育人质量是流程构建的重要目的，同时也要为合作企业提供优良的服务，发挥高校人力、智力、技术、科研等优势，为合作企业排忧解难，获取更好的生产效益；另一方面，合作企业在确保计划生产和利润的同时，也应和学校共同担当育人的责任，为了技能型人才培养甚至不惜牺牲企业的一些利益。

二、产教深度融合背景下高校校企一体化办学模式的路径

从现代职业教育体系发展，以及产教融合与校企一体化的核心要素分析来看，产教融合与校企一体化的路径可以在此基础上进行修正。一体化内聚力可以增加政府引导力、市场吸引力变成"五力"；一体化目标可以调整为专业设置与产业需求对接、课程内容与职业标准对接、教学过程与生产过程对接、毕业证书与职业资格证书对接、职业教育与终身学习对接五个对接；在一体化目标之后增加一体化平台构建，平台构建必须具备协同育人功能、协同创新功能、创业教育功能、产业调研功能和成果转化功能；一体化课程与教学在原有课程范式项目化、课程组织多样化、课程实践生产化、课程成果产品化的基础上增加课程改革同步化；一体化评价在学生满意度、企业满意度、学校满意度、社会满意度基础上增加政府满意度；在一体化评价后增加一体化保障，主要为动力机制、组织机制、制度驱动机制、运行机制、利益分享机制五个机制，从而形成产教融合与校企一体化路径的"六五法"。当然，从这个"六五法"的路径中不难看到，产教融合与校企一体化的主线仍然是教育性，在此基础上，再从政、产、学、研、市五个要素的利益契约合作关系中，体现出相互的包容、优势的互补、利益的互惠。

（一）一体化内聚力形成

产教融合与校企一体化的内聚力共有"五力"，包括企业教育力、学校服务力、学生发展力、政府引导力、市场吸引力，这是实现产教融合的前提条件。

第一，企业教育力。产教融合与校企一体化，必须考虑合作企业的教育力，企业生产规模、生产效益要兼顾，但更重要的是要考察合作企业所具备的承担学生培养、学生生产

实训中的技术技能指导的实力。

第二，学校服务力。学校自身也要根据师资、专业结构、学科技术和技能优势、科研能力等衡量与企业合作中能给予企业的服务力。

第三，学生发展力。更重要也是最根本的还要考虑学生的发展力，学生的专业性和专业能力培养是校企一体交汇的出发点和目的。

第四，政府引导力。政府对于学校、企业的引导力也是必需的，良好的政策、项目、资金支持，会营造优质的产教融合环境。

第五，市场吸引力。市场吸引力则为产教融合与校企一体化提供了要素资源重新配置的空间。

（二）一体化目标要求

产教深度融合的基本内涵是产教一体、校企互动。产教融合与校企一体化的基本目标是实现"五个对接"。

第一，专业设置与产业需求对接。健全专业随产业发展动态调整的机制，优化专业设置，重点提升区域产业发展急需的技术技能人才培养能力。

第二，课程内容与职业标准对接。建立产业技术进步驱动课程改革机制，推动教学内容改革，按照科技发展水平和职业资格标准设计课程结构和内容。

第三，教学过程与生产过程对接。建立技术技能人才培养体系，打破传统学科体系的束缚，按照生产工作逻辑重新编排设计课程序列，同步深化文化、技术和技能的学习与训练。

第四，毕业证书与职业资格证书对接。完善职业资格证书与学历证书的"双证融通"制度，将职业资格标准和行业技术规范纳入课程体系，使职业院校合格毕业生在获得学历证书的同时取得相应的职业资格证书。

第五，职业教育与终身学习对接。增强职业教育体系的开放性和多样性，使劳动者能够在职业发展的不同阶段通过多项选择、多种方式灵活接受职业教育和培训，满足学习者为职业发展而学习的多样化需求。

（三）一体化平台构建

产教融合与校企一体化必须把握"服务"与"培养"之间的平衡，因此在构建一体化平台的时候必须强调协同育人、协同创新、创业教育、产业调研以及成果转化等核心功能。

1.协同育人

产教融合与校企一体化的主要目的和中心任务应聚焦于培养人才，因此，育人是产教融合与校企一体化的核心。产教融合与校企一体化是一种开放跨界的教育运行体系，其独特文化体现在跨越院校、政府、行业企业、科研机构等不同领域的联动上。通过多方协同联动，以"政产学研市"立体协同推进为实施手段，变革高职人才培养模式，强调职业素养，把人才培养置于多方参与的开放系统中，贯穿于教学、生产实践、创新研发和应用服务的全过程，才能适应经济发展方式转变对人才培养的新要求，实现高职教育的教育自觉。

2. 协同创新

产教融合与校企一体化就是一种新型协同创新模式，这种模式更强调的是不同层面的各要素群体相互合作与创新，这种协同创新主要是通过对各参与主体资源的优化配置，实现整个体系创新的高效性；通过各参与主体彼此间的实时交流，从而更容易获得人才、资金、技术、信息等资源；通过各主体之间利用共享平台可以相互学习交叉知识、共同享用研发成果，进而提高参与主体的技能和核心创新力；通过信息的双向传递，促进各参与主体间长久的交流互动和密切合作，从而推动整个体系持续创新。

3. 创业教育

产教融合与校企一体化平台本质上就是一个创业创新的有效载体。鼓励并引导学生、教师参与创业创新实践，并将创业与专业、与科技、与区域产业、与政府导向相结合，提升师生的创业知识和经验、创业意识、创业能力、科技知识和创新能力、创业成效也是产教融合与校企一体化平台的一项很重要的功能。通过这个载体，形成完整的创业实践教育体系。当然，学院也要与当地政府、行业协会、企业、新闻媒体及时沟通，整合各种社会资源为创业教育服务，推动大学生创新创业的社会环境建设。

4. 产业调研

产教融合与校企一体化平台融合了大量的企业和相关行业，利用"政产学研市"的联动机制，可以深入了解整个行业和主要企业发展的现状、问题及发展趋势，从而为政府、行业、企业提供咨询建议，为高校提供人力需求报告，为科研机构提供产业需求的第一手资料。

5. 成果转化

长期以来，"政产学研市"合作组织形式级别较低、合作机制不完善、成果转化率低等问题突出，校企之间无法真正实现协调发展。原因在于成果转化、技术转移是在特定组织制度环境下，通过一定的方式或通道，使得技术知识或技术成果在不同利益主体之间传递，如果只有企业和大学，是无法有效"驱动"区域创新经济发展的，而必须依靠"政产学研市"的一体化提供技术转移、成果转化的土壤。

（四）一体化课程与教学

合作目标确定以及平台建成后，如何按照产业发展水平和职业资格标准设计课程结构和内容，如何通过用人单位直接参与课程设计、评价和国际先进课程的引进，提高职业教育对技术进步的反应速度就是非常关键的。

第一，课程范式项目化。课程范式项目化，强调实践课程要将专业性融入相关的专业生产项目之中，以专业生产过程的关键知识、核心能力安排实践课程。

第二，课程组织多样化。课程组织多样化，强调实践教学并不排斥传统的课堂教学、模拟性的实训教学等，倡导课程组织的灵活性、多样性。

第三，课程实践生产化。课程实践生产化，强调专业的实践课程要突出专业生产的知识特性和技术特性，尤其在真实的生产过程和生产环境中培养学生的专业技术及应用能力，是最关键的要求。

第四，课程成果产品化。课程成果产品化，是校企一体化实践教学绩效评价的特殊要求。因学习是真实产品生产中的学习，实践性产品的质量将是评价学生学习态度和知识应用及迁移能力的重要指标评价参照体。

第五，课程改革同步化。课程改革同步化，就是如何根据产业技术的变化驱动课程改革，使职业院校按照真实环境真学真做掌握真本领的要求开展教学活动，使职业院校按照企业真实的技术和装备水平设计理论、技术和实训课程推动教学内容改革，使职业院校依据生产服务的真实业务流程设计教学空间和课程模块推动教学流程改革，使职业院校通过真实案例、真实项目激发学习者的学习兴趣、探究兴趣和职业兴趣，推动教学方法改革。

（五）一体化质量评价

产教融合与校企一体化的质量评价指标主要依据学习主体、合作主体间的"满意"程度进行。这种一体化质量评价主体建议从学生满意度、企业满意度、学校满意度、社会满意度、政府满意度五个维度进行。学生满意度是最核心的标准，是整个路径操盘的重中之重。路径也考虑到产教融合与校企一体化的多面性，提出了校企合作双方的满意度评估。以高职院校为例，高职院校同样肩负着重要的公益服务的社会职能，校企一体化的效应不仅作用于相关联合体之间，也不可避免地会产生社会辐射及先导作用，放大高职社会公益服务功能，让更多的行业企业同享高校的优质资源，这是社会满意度的意义所指。作为政府提供教育服务公共产品的主要力量，政府作为主办方和投资者，政府满意度可以作为评价产教融合与校企一体化的办学方向与成效。

产教融合与校企一体化质量评价实施可以分为职业院校和生产企业的内部评价与行业组织第三方质量评价两个层面进行。职业院校产教深度融合质量内部评价重点考查产教深度融合的组织与领导、职责履行、人才培养方案、基地建设、毕业生社会声誉、教师成果转化等；生产企业产教深度融合质量内部评价主要考查技术培训、订单完成、新产品开发、新技术引进等。行业组织第三方质量评价重点对产教融合是否符合行业产业发展等进行检查和评价，并及时反馈和修正。同时，通过制定具体标准，开展产教深度融合督导检查，合理设计各种奖惩措施，以调动产教融合各方的积极性。

（六）一体化保障机制

如何保证产教融合与校企一体化目标的实现，如何保证产教融合与校企一体化的自我运行与调节，需要一系列的机制作为保障。法律作为一种强制性的社会规范，对产教深度融合具有直接的促进和保护作用，对产教融合与校企一体化的环境条件（经济、科技、思想文化等）也有直接的调整作用，但是我国现行法律规定中至今尚没有一部关于校企合作的专门法律。在法律的背景下，政、产、学、研、市五大主体可以从动力机制、组织机制、政策驱动机制、运行机制、利益分享机制等方面保障产教融合与校企一体化的有序运行，推动产教融合与校企一体化迈向更深层次和更高水平。

1. 动力机制

产教融合与校企一体化产生的动力机制是指合作主体多方要素之间相互作用、相互联系、相互制约的形式和作用方式。合作动力的产生主要由于利益驱动、优势互补、政策推进和发展需求等因素综合作用，激励院校行业企业、科研机构在政府的影响下和市场的需求下产生合作意愿，提高合作兴趣，巩固合作发展的有关政策、制度和运作方式。另外，进行合作创新的主要动因主要有三个方面：一是合作创新能够节省知识转移或技术交换的成本；二是当前的高新技术创新常常依赖于多个科学技术领域的合作才能完成，然而很少有某一创新主体具有足够广泛的知识；三是由于参与合作的各主体之间核心能力的广度和多样性，因此在各主体核心能力基础上合作产生新的核心能力是各主体参与合作创新的一个主要动机。

由于产教融合与校企一体化的各类主体分属于不同系统的子系统，因此会受到多方面因素的影响和作用。企业参与产教融合与校企一体化最直接的动力是市场需求的驱动。通过信息反馈或市场预测发现某产品有明显的或潜在的需求，进入该产品市场会增强企业竞争力，而企业又不能独立完成该产品研发时，该市场需求就会成为企业寻求合作的巨大驱动力量。随着企业对高端技术技能型人才的需求，而单独依靠企业自身又不能培养出合格人才的时候，企业就会对产教融合表现出浓厚的兴趣。不仅如此，社会对科学技术社会功能认识的不断深化，对技术功利性的追求随之产生，从而引起人们试图开发利用这种实用价值或效用的强烈愿望，并在不断寻求潜在的市场机会，这一需求一旦得到确认，其自身能力难以完成科技成果的转化目标，便产生合作愿望。当然，企业自身人才需求的水平、科技意识和技术条件，以及对间接利益最大化的追求也影响着企业参与产教融合与校企一体化的意愿。科研机构参与产教融合与校企一体化的动力是除了想获得经济利益以外，还要实现其研究开发活动的社会价值，提高自己的学术水平和社会地位，并使自己的研究活动在一定的社会经济条件下进入良性循环。

2. 组织机制

明确的组织机制是产教融合与校企一体化的基础，是形成自我约束、自我规范的内部管理体制和监督制约机制的保障。政府可以设立校企合作的组织管理协调机构，加强对产教融合与校企一体化工作的领导，把产教融合与校企一体化工作作为一项重要内容纳入各级领导任期目标责任制的考核，加强对产教融合与校企一体化工作的指导、协调、监督和服务，保障产教融合与校企一体化工作顺利开展。例如，高职院校也应成立产教融合与校企一体化组织管理机构，建立健全校企合作规划、合作治理、合作培养机制，使人才培养融入企业生产服务流程和价值创造过程。高职院校和合作企业要不断完善知识共享、课程更新、订单培养、顶岗实习、生产实训、交流任职、员工培训、协同创新、绩效评价等制度。推动学校把实训实习基地建在企业，企业把人才培养和培训基地建在学校。探索引校进厂、引厂进校、前店后校等产教融合与校企一体化的多种合作形式。高职院校在校级层面指导和管理各专业与企业的合作，统一协调解决合作过程中遇到的问题。

推动行业、企业和社区参与职业院校治理。职业院校要建立理事会（董事会）的社会联系和合作机制，完善理事会（董事会）结构，规范决策程序。各个主体都必须有代表参加，其中部分成员要来自企业、行业、社区、学生及学生家长，并设立专业指导委员会，另外的成员要来自用人单位，负责协调和指导产教融合与校企一体化的开展，解决合作发展中的重大问题；设立教学工作委员会，负责校企共建专业、课程、师资、实训基地；设立订单与就业委员会，负责订单培养计划的签订、毕业生就业推荐、选聘与服务工作；设立社会服务委员会，负责技术研发与服务、企业员工培训工作。完善体现职业教育特色的职业院校章程和制度，明确理（董）事会、校长、专业指导委员会和教职工代表大会的职权，提高职业院校治理能力。制定符合职业教育特点的校长任职资格标准，积极推进校长聘任制改革和公开选拔试点，鼓励企业家、创业家担任校长，培养和造就一批职业教育家。

3. 政策驱动机制

政策驱动机制主要是指各级政府主管部门制定出台的相关政策措施。政策体系的建立是产教融合与校企一体化良性发展的前提，也是其赖以生存和发展的基础。因此，在我国产教融合与校企一体化体制中，应不断建立完善政策驱动机制，制定出台产业政策、税收政策、金融政策、就业政策、激励政策等相关内容。通过政策的制定，理顺政府与校企一体化进程中其他各主体之间的关系，制定具有前瞻性、战略性及科学性的政策体系，使我国的产教融合与校企一体化尽快步入科学化的发展轨道。

4. 运行机制

运行机制是保证"政产学研市"一体化正常运行的制度保障，主要包括协议机制、沟通反馈机制、行业定期指导机制、监管机制、风险管理机制等内部长效运行体系。协议机制主要指在尊重市场决定性资源配置的前提下，政产学研中所有与院校合作的单位必须签订合作办学协议，明确院校、行业企业、科研机构、政府四方的责、权、利，规范合作办学行为。沟通与反馈机制主要指定期召开主体成员全体会议、政产学研工作会议、校企合作工作会议、实训课程开发会议、师生会议等，撰写工作通讯、工作简报及工作经验等，确保合作过程中的"校中厂""厂中校""生产性实训项目""双师工作站""校企合作管理信息平台"等正常运行。行业定期指导机制主要指邀请行业协会专家定期对行业、企业的发展做面对面的指导交流,提供整个行业发展的最新信息以及相关企业的优秀经验,同时对相关项目的开展提供咨询。监管机制是指及时跟踪项目的执行和落实情况,应对处理"校中厂"和"厂中校"运行资金投入、"双师工作站"人员工作岗位安排、课程教学质量等重大问题,执行奖罚措施,促进校企合作的利益共享。

校企双方定期对运行情况进行检查,促进高质量地完成项目任务。风险管理机制重点针对实习学生的人身安全风险,"校中厂"和"厂中校"运行的市场风险,企业因派遣指导教师带来的生产损失风险、因学生技术不熟练损坏设备或影响生产等风险,建立工伤保险制度和物耗能耗补贴,确保"校中广"和"厂中校"安全运转。

5.利益共享机制

在产教深度融合过程中,学生既是求学者,又是工人、生产性实训的主体、推销员、营销师、经理,学习有目标,学费有资助,毕业可就业,就业能对口;教师既是骨干教师、课程建设负责人、系主任、专业建设带头人,又是工程师、技术研发骨干、车间主任、项目经理、企业副总;学校领导既是学校管理者,又是企业顾问、董事会成员;学校既是独立的教学单位,又是教育集团一分子。

企业生产车间是学校项目教学的教室;企业工作任务(生产、科研、培训、鉴定和社会服务)是学校项目教学的内容;企业生产设备设施是学校项目教学的实训设备;学生生产的企业产品是学校项目教学的作业;企业和院校用科研支撑教学,在育人的同时创造财富;企业管理是院校教学管理的一部分;职业院校教师和学生拥有知识产权的技术开发、产品设计等成果,可依法依规在企业作价入股。

政府、相关行业协会是产教融合与校企一体化的引导者、组织者、服务者、氛围营造者、政策提供者、资金支持者,也是产教融合与校企一体化过程的受益者。政府、行业协会通过这个过程深度了解产业发展的现状、存在的问题,同时得到高校、企业给予政府、行业协会关于产业发展的建议、对策以及获得区域经济发展需要的人才。当然,政府、行业协会也可通过购买服务的方式共享高校及企业的高端知识要素、人力要素、技术创新要素等,与高校、企业进行合作,获得政府、行业协会所需要的专项成果。

三、产教深度融合背景下高校校企一体化办学模式的形态

产教融合与校企一体化是一种主体多元、价值诉求多向、关系交错复杂的合作形态,合作形式多样且机制灵活,不同历史阶段、不同地区、不同院校都努力探索适合自身的最佳产教合作模式。随着市场环境的变化、相关主体意识观念的更新、资源整合的力度以及政策推进的深度,产教融合与校企一体化的模式形态也发生了变化。总体而言主要包括以下六种模式形态:

（一）学园城一体化

学园城一体化，是现代社会形态的重要特征之一。浙江工贸职业技术学院作为温州全市唯一一所总部在市中心的高校，积极整合城市资源，构建了"学园城一体化"特色发展模式。即依托学校、园区、城市融合发展，把握教育、市场和社会发展规律，建设创业型高校，为社会经济转型升级提供动力和支撑。学院走内涵特色发展之路，致力于培养应用型人才，建设创业型高校。通过多年实践，按"三维"架构搭建"学园城一体化"协同创新模式。

（二）大学科技园区

学院"三大园区"是教育创新实践有效载体，目前已经发挥园区化人才培养、园区化创业平台、园区化创新驱动社会服务等核心功能。大学科技园是以研究型大学或大学群为依托，利用大学的智力、技术、实验设备、文化氛围等综合优势，通过包括风险投资在内的多元化投资渠道，在政府的政策引导和支持下，在大学附近区域建立的从事技术创新和企业孵化活动的高科技园。

大学科技园是政产学研合作的平台，在大学科技园的管理体制和运行机制的作用下，政产学研各方在园内实现协同创新。为了促进产学研各方在大学科技园中更好地合作，政府通过出台针对大学科技园的宏观指导政策和财税政策，扶持大学科技园的发展；依托大学为了促进大学同科技园的合作，通过出台灵活的聘任、考评制度，鼓励大学师生入园工作。在政府和依托大学的政策制度支持下，大学科技园通过制度创新，建立园区的管理体制和合作机制，为园内各方合作提供方便有效的制度保障。

在大学科技园的制度支撑下，政产学研各方采取多种模式进行合作，通过协同合作实现资源互补，促进技术创新。政府借助自己的信息资源优势，降低各方合作中的信息不对称，进而减小创新成本；依托大学和科研机构凭借自己拥有的大量高科技人才进行知识创新，并通过与企业合作完成知识溢出，为企业提供创新的智力资源，并在合作中提升自身的创新能力；企业通过同依托大学和科研机构的技术购买或技术转化，提升自己的创新能力，并借助自身的市场经验和资金优势，将依托大学和科研机构输出的创新资源进行产业化和市场化，最终实现技术创新。由此可以看出，大学科技园中的协同创新，是在政府、大学、科研院所和企业的系统配合下，政府和依托大学是大学科技园协同创新中制度创新的主体，依托大学和科研机构是大学科技园协同创新中知识创新的主体，企业是大学科技园协同创新中技术创新的主体。

高校科技园的建设，实际上仍是以创新为核心，构建了学校智力资源优势与政府、企业、行业资源相结合的一个平台，为创新创业人才培养、科技成果转化和服务地方经济创造更好的资源环境优势，更进一步表明高校科技创新的地位和作用已经得到地方政府的认可和支持。

（三）职业教育集团化

所谓职业教育集团化就是将经济学领域中的"集团化"经营模式引入职业教育领域中，是在市场经济推动下，在职业教育领域进行的符合职业教育办学规律的体制创新。其内涵是以职业教育为核心，在采取创建、联合、兼并、合资等方式的基础上联合其他职业教育主体，由职业教育院校、企业行业管理部门、中介机构、用人单位等共同组建职业教育集团。其目的在于联合企业、依托行业，在有关中介机构的指引下，强化职业院校与企业之间、职业院校之间的联系，有效地整合教育资源和经济资源，从而实现资源共享。

职业教育集团发展对有效调整职业教育办学结构，进一步丰富、整合职教资源，减少重复建设，不断提高人才培养水平，使职业教育更好地服务地方经济，实现职业教育规模化、市场化、集约化是一条重要途径。在职业教育集团内部，招生即招工，招工即招生，进入职业院校岗前培训，或半工半读修满学分后颁发毕业证书。职业院校的学历生也可转入"双制班"，根据企业订单要求，灵活安排学习和实习、实践、生产，做中学，学中做，毕业即在职教集团内部就业。

然而，在职教集团发展过程中也存在着实际办学效果欠佳、各成员单位参与集团办学的积极性不高、职教集团的各成员单位即利益相关者的诉求难以得到满足、部分地区职教集团成为政府和学校的政绩工程等现象，因此要通过政府引导、明确集团定位、健全机制、打造品牌等措施提升职业教育集团化办学水平，达到资源整合与共享的目的。

（四）校中厂和厂中校

"校中厂"就是学校将企业的生产设备、技术人员等资源引入学校，与学校设备、资源进行整合，按照企业要求组织生产和科研，按学校要求开展教学，是一种集教学、生产、科研于一体的校内合作办学模式。校中厂主要是由学校主导的。这种学校主导型的校中厂办学模式是由于高职院校的生产性实训基地能够产生最终产品，可以通过商品化带来一定的经济效益，所以很多基地的性质延伸为校办企业。校办企业既承担着创收任务和市场风险，又承担着一定的教学实习任务和培养责任，集教学、科研、生产、培训多种功能于一体。对于人才培养而言，基地成为社会经营性企业的缩影，让学生能够依托于自己的专业，通过参与生产经营，实现职业人的转化。

校中厂和厂中校的模式强调人才培养的系统性、人才培养路径和高职教育规律，具有较浓厚的学习氛围，师生关系更加融洽，有利于学生的全面发展和可持续发展。但是该模式创设的人才培养环境比较单纯，对人才培养的成本问题考虑得不多，学生更多地按照学校设计的企业岗位角色参与式学习，缺乏真实的企业社会环境和内部管理制度，岗位适应能力提升较慢。该模式中企业置于学校的管理之下，企业的经营营利性质与学校的公共服务性质往往容易发生冲突，或者会由于存在企业经营问题导致学校管理出现困难。

"厂中校"就是由合作企业提供实习场地和学生宿舍等教学生活设施，学校提供必要的实训设备和人力资源，共享双方先进设备、前沿技术等优质资源，以提高校外实训实习效果和企业生产经济效率为目标的一种合作模式。厂中校一般是由企业主导的，这种企业主导型厂中校办学模式中的高职院校具有企业办学的传统，即企业就是高职院校的主办方，高职院校为企业的一个附属部门。

企业主导型模式的特点是效益成本观念明确，突出企业价值观、企业文化，强调职业性和企业团队精神，这种模式有利于集约化人才培养，充分发挥企业的经营管理理念。企业的价值观直接作用于学生培养过程，潜移默化到具体的实践技能锻炼和团队协作中。学生的成长严格按照企业的职业岗位能力需求推进，充分体现了工学结合的高职教育思想。明确的企业人身份定位能够使学生尽快适应岗位能力要求，减少了企业对毕业生二次人力资源开发的投入和成本。但是企业的效益会直接影响到人才培养模式的实施和教育投入。企业文化在一定程度上则会影响到学生接受高等教育的专业性，从而制约学生的可持续发展能力。

（五）校企合作发展联盟

如何基于企业和学校两类不同社会组织的管理体制和运行机制差异，撬动政府出政策、行业出标准、企业出资源，实行校企联动系统培养高素质高技能人才，校企合作发展联盟就是有力的实践证明。从理论角度，同质组织间的竞争会大于合作，资源的使用效益会降低。由一所高职院校牵头，组建校企合作联盟，将资源依赖与互补结合起来运用，在合作过程中动态优化选择合作企业和合作项目，会提高资源配置效率。校企合作发展联盟就是全体成员组成理事会，各理事单位均为独立法人，在理事会内具有平等地位。理事会设立由理事长、常务副理事长、副理事长、秘书长、副秘书长组成的常务理事会，下设秘书处。联盟理事会制定理事会章程，规定理事会的职责、组织机构、理事的权利和义务、经费及资产管理办法、理事会终止办法等多项规章制度，有效保障校企合作联盟理事会机构的顺利运行。

（六）职业院校委托管理

"委托管理"是现代教育制度的重要组成部分。国家鼓励"公办学校探索联合办学和委托管理等改革试验"（《国家中长期教育改革和发展规划纲要（2010—2020 年）》第四十二、六十七条），把酒店类企业常用的管理模式引到教育中来。这一制度是指利用市场机制，将职业院校所有权与管理权分离，实现管理权或经营权转移，实现院校和行业企业优质资源的跨校跨厂跨区域流动和辐射，提升薄弱学校的管理、制度和文化，促进政府从教育事业的"提供者"向"采购者"转变，职业院校从"生产单位"向"经营单位"转变，教师从"身份管理"向"岗位管理"转变，推动政府职能的转变和现代学校制度的建立，这种情况下行业企业优质资源一般能够推动产教融合进一步深化。

第二节　产教深度融合背景下高校校企一体化办学的平台

在高等教育改革中，发展高等职业教育，关键在于产教融合、校企合作。产教融合与校企一体化的核心是高职教育的工学教学，它是高职办学中人才培养最重要的、不可或缺的教育方式和教育途径。

下面以"浙江工贸职业技术学院"为例，对产教深度融合背景下高校校企一体化办学的平台进行探讨。

一、产教深度融合背景下高校学园城一体化办学平台搭建

高等职业教育的特殊性决定了其具有应用型高等学历教育和高技能职业教育的双重性。遵从应用型高校的办学属性和技能型人才培养的目标，高职院校肩负着社会的科技服务和高级专门技能人才培养的两大使命，如何让高校教育资源社会化和社会优质资源教育化良性互动，让产学研近距离对话，集真实性生产、职技实景性教学、新技术研发为一体的平台建设随之被提出。另外，依托学校、园区、城市融合发展，把握教育、市场和社会发展规律，为区域经济转型升级提供动力和支撑，以浙江工贸职业技术学院为例，该院以三大园区夯实服务创新驱动平台，以完善人才培养专业链、完善专业创业新模式，以立足于育人维度、着眼于服务维度、创新于机制维度三维架构搭建"学园城一体化"平台。

1. 立足于育人维度。通过全日制教育和社会成人教育培训，培养具有社会责任、创新创业素质的应用型人才，为温州经济转型发展提供人才支持。

2. 着眼于服务维度。发挥高校主体优势，以学院投资或控股的院办产业和多个科研机构作为创新主力，形成科技中介服务体系，整合社会各界资源投资建设三大服务园区。

3. 创新于机制维度。学院和企业"产权＋市场契约"是学园城一体化的保障机制关键，其内在要素是利益共赢机制。学院开辟了"创业教育＋资本资产经营＋自主办学"的创业型高校发展模式，形成了"政产学研市"一体化的持续发展机制。独特的办学渊源成为学院校企一体化办学路径的逻辑起点。与一般的校企合作不同，真正的校企一体是教育办学主体、生产经营主体、独立的法人主体的统一体，在体制上有机融合、高效运行，成为一个利益相关系统。目前，学院已经搭建了四个层次的校企一体化人才培养平台：依托举办方杭钢集团实现"校企一体"培养高技能人才；以投资或控股的形式自办生产性服务企业，进一步推动校企一体人才培养平台建设；以师资、技术、项目、品牌等优质资源吸引企业入校，合作建成校内专业生产性实训中心；与中国正泰集团、德力西集团、康奈集团等大中型企业建立校外生产性实训基地。

二、产教深度融合背景下高校校企一体化办学平台的机制

当前产业发展与高职发展之间"产学结合"的困境，导致学校专业与行业职业分裂、学校课程与专业能力培养不匹配、学校知识体系与行业人才诉求不协调。通过构筑合作创新平台，发展行业新技术、行业新科学、行业新集群，建立新课程开发、新专业设置、新质量体系。以基地为平台、产业为先导、企业为主体，充分发挥市场机制，紧扣专业特点与发展规划。搭建"服务"与"培养"之间的平衡，创新内在"产学结合"机制，破解职业教育"冷热难题"，促进转型升级，提高人才质量。此外，构建"学园城一体化"产教融合、校企一体化平台，应以市场调节为依托，以研究为支撑，以文化传承为特色，以创意创新为手段，通过共同创造价值的利益驱动，形成学校、园区、城市良性互动，已经具备了学园城一体化协同育人、创业教育平台、创新驱动社会服务等核心功能。

校企一体是教育办学主体、生产经营活动主体、独立法人主体的统一体。三个主体根据职业教育与企业生产的运行规律，通过市场契约确保有机融合及高效运行，从而形成共赢的利益相关体，共同承担高职教育的职责，合作实施高职教育的教学。校企从"合作"到"一体"，不仅需要理念模式的变革和创新，同样需要体制机制的维系和保障，才能真正实现"一体化"。

例如，浙江工贸职业技术学院依托学校、园区、企业平台资源，教师、学生、客户各角色共同推进基地建设、专业建设和研发活动，实现工学结合的服务、经营、培养一体化。并从根本上变校企合作以"人缘纽带"为"产权 + 市场契约纽带"，采用"有为、有位、有利"的激励机制调动合作主体间的积极性，用制度保障校企合作的顺利进行。

（一）成立职教集团实现保障机制

浙江工贸职业技术学院在办学实践中形成了以高职教育为主导，包括职业培训、职业技能鉴定、职业指导、创业孵化、职业介绍（人才市场）、科技应用中介服务和院办产业的高职教育综合基地。另外，职教集团总体架构可概括为"五位一体"即政（政府）、产（行业企业）、学（学校）、研（科研院所）、市（市场或泛指社会需要）各要素有机融合的"教育服务联合体"，联合体的利益指向不同，但利益皆赢是基础和条件。在这种机制保障下，教学性生产与生产性教学、学习性生产与生产性学习、学习体验与职业体验、生产车间与创意工场、新技术学习推广与新技术发明创造，都是功能交互的。

1. 以产权与市场为纽带，构建利益共享机制

"产权 + 市场契约"是职教集团运行保障机制的关键词，其内在要素是利益共赢机制。产权纽带包括"企业办学校"和"学校办企业"两种类型。

（1）企业办学校。由企业办学校引申而来的学院与主办单位杭钢集团所属产业企业的合作，以培养高技能人才为目标共同进行材料成型技术、机电一体化技术、电子信息工程技术等相关专业建设，并开展订单培养、在职培训，建立项岗实训基地等。

（2）学校办企业。因国企改制解困、产业转型升级需要，学院投资拓展一些与专业相关度大的优质资产，丰富和拓展了学院"校中厂，厂中校"的校企一体化办学体制，形成"教育＋科技＋文化创意"的现代服务业形态。在我国职业教育发展轴线上，工学结合的路径大致经历了以拟景模拟为形式的校内工学结合和以真实性生产为特征的校外工学结合两种形态。但实践表明，职业教育工学结合校内外两种机制的运行彼此是不可替代的。如何整合两种工学结合的机制，建设一个有机地把教学性工学与实践性工学结合起来的基地，这正是学院三大园区的创意与使命。

2. 发掘协会中介作用，引导行业企业参与人才培养

行业协会组织不仅参与相关专业课程设置、职业指导与培训、评价机制，还整合协会成员企业参与高技能人才培养，包括提供双师教师、实训、技术服务、就业等，更是整合高校教育资源举办高峰论坛，提升行业影响力和话语权。

教育服务理念下的社会服务，是实现高校优质资源社会效益最大化的重要途径，更是社会优质资源教育化合成的重要载体。社会服务过程，是双师素质教师成长和培养的过程，也是学生创业就业体验的过程。另外"五位一体"的职教集团架构、"产权＋市场契约"的利益共享保障机制，促进学校与行业合作办学的积极性，整合各类社会资源破解职业教育难题，有助于解决人才需求和人才培养的结构性矛盾。

（二）校企一体化教育机制的创新

1. 学园城联动生态机制

（1）"学园城互动生态圈"的认知。"学园城互动生态圈"是一项多主体联盟、开放式互动的高职教育领域综合改革试验。该模式立足协同育人和社会服务的理念，体制层面将与高职教育密切相关的学校、园区、城市三个主体联合，机制上以资源共享、利益共赢、责任共担、协同创新应用型人才培养为保障，构建良性互动，集教育与生产、教学与研究、服务与创新于一体的生态联盟。本模式的多主体生态功能表现为：学校以协同育人和社会服务为中心；园区集聚了新兴产业，以资源和技术为优势；城市以文明建设和经济发展为驱动。"学园城互动生态圈"的特质是遵循市场在资源配置中的决定性作用，本着"让一切劳动、知识、技术、管理、资本的活力竞相迸发，让一切创造社会财富的源泉充分涌流"的思想，将市场配置的原理植入高职教育，以此推动教育教学改革，探索新型的人才培养模式。

近年来，学院发挥创业型高校的机制活力，积极整合城市的优质教育资源，协同政府和社会力量，融合知识资本、技术资本和物质资本，组建了多家集教育与生产于一体的法人实体，并以园区为平台促进创业型人才培养，服务和引领地方创业型经济发展，助力创业型城市建设，走出了一条协同创新、联动发展的特色之路。

（2）"学园城互动生态圈"的机制。"学园城互动生态圈"建设，体制上以相互利

益保障促进产教的深度融合，路径上实施"产学研做"和工学交替的多元立交，重心上突出协同育人的品牌定制和人才培养质量，为学院应用型人才培养及教育创新提供了强有力的支持。协同育人机制打造特色办学的个性品质。针对学园城协同性的特点，依托三大园区，学院逐步形成了"跳出教育发展教育、跳出教育评价教育、跳出教育反思教育"的体制机制；制定了教授工程、博士工程和双师素质培养工程，切实提高教师的教育能力；逐步形成了具有特色的"三三制"，即形态上园区化校企一体办学、产教一体教学、学做一体学习，能力上重在培养学生的岗位核心能力、岗位迁移能力和可持续发展能力，最终以毕业证书、职业资格证书、顶岗工作经历证书的考核确保人才培养的质量。

重视协同育人的体制治理，完善协同育人的长效机制。"学园城互动生态圈"不是传统的校企合作形式的复制，它首先需要以体制创新为保障。"产权＋市场契约"是学院探索"学园城互动生态圈"实践的成果，其内在要素是利益共赢机制。依此学院进一步创新了"创业教育＋资本资产经营＋自主办学"的体制，建构了政府、行业产业、学院、大院名校、市场联动的机制，由此形成新型的开放办学格局，使协同育人具有长效机制的保障。

2. 创新创业驱动下的学做一体化

"学园城生态圈联动"为学生提供了"学做一体化"的专业实践平台，为实现协同育人的目标，发挥学院在协同发展中的主体优势。值得注意的是，科研窗口直面行业企业，为学生提供了"学与做""学做一体化"的专业实践平台。例如，学院成立的区域文化研究中心，致力于研究刘基文化、温商侨商等特色区域文化，多角度开展地方文化的开发与研究，通过传承创新、专题调研、成果推介等方式服务地方社会发展，受到社会的普遍好评，被省文化厅、教育厅授予省级非遗传承教学基地。

（三）增强职业能力的制度创新

1. 应知应会的学习导向

学院三大园区作为实践育人的工学基地，成为学生应知应会的学习导向，最大的优势是让学生在真实环境下得到专业能力训练，园区企业的教育资源得到挖掘并全面融入教学，实现教学与生产、学校与企业的多赢。通过推行校企一体的办学模式、产教一体的教学模式、学做一体的学习模式，培养学生的职业核心能力、岗位迁移能力和可持续发展能力，并将其落实到项目课程和生产性实训中，实现毕业证书、职业资格证书、顶岗工作经验证书三证贯通。这种"园区化"工学结合被概括为"三三制"工学结合人才培养模式，即"三模式、三能力、三证书"制。

校企一体的办学模式，校企深度融合，使企业全方位参与人才培养过程。校企共同组建专业指导委员会，决定专业开发与建设，校企合作开发教材，校企合作实施教学，校企合作共建实训基地，使课堂与生产场所一体化、校内评价与企业评价相结合等，充分体现教学过程的开放性、实践性和职业性。

学做合一的学习模式，是以实际项目为导向的课程体系，从真实生产中提炼工作项目，根据真实生产过程进行工作任务分析，以真实产品为载体进行课程结构分析，以真实生产要求进行课程内容分析，每个项目内容设计必须以完成某个项目（产品）为任务，辅之以必要的知识。改变了传统的课堂学习模式，整个学习过程体现做中学、边做边学、学做合一的特点。

产教结合的教学模式，是学院根据所设专业，积极开办院办产业，把产业与教学密切结合，相互支持，相互促进，把学院办成集人才培养、科学研究、科技服务于一体的产业性经营实体，有利于激发学生的创造力，有利于提高教师的业务水平。目前，学院通过扩大校企合作实现校内实训与校外实习的有机结合，积极探索工学交替、任务驱动、项目导向、顶岗实习等多种工学结合形式，将职业资格证书取证训练纳入专业培养方案中，所有专业都要求学生必须取得"毕业证、职业资格证和顶岗工作经历证书"三个证书，通过提高实践环节的教学效果，提升学生的职业技能。

2. 刚性的制度导向

（1）建立完善的系统化、多层次的实践教学体系。依据职业技能和能力是一个由低到高、由单项到综合的提高发展过程，学院对实践教学体系进行了系统化、多层次的设计，并按需进行环境配置和组织教学，分别是：以教、学、做一体训练专业基本技能的第一层次；以生产实训与校外顶岗实训相结合训练综合技能的第二层次；依托"学园城互动生态圈"平台，以科研项目和技师服务为载体培养创新创业能力的第三层次。

（2）实施开放实训室管理。学院制定出台了《浙江工贸职业技术学院开放实训管理办法》，对专业实训室、科技创新平台、技术服务机构等实行开放管理。开放实训以项目挂靠方式让学生跨专业组团队，在教师的指导下通过自主研发和实验实训，让学生得到真实的创业创新体验。开放实训建立学分激励制度、资助特色教材开发、设立开放实训专项基金等，受到学生的热烈欢迎。开放实训针对不同专业不同特点，以及多专业组合的学生群体，实行项目化分层实训教学。在开放实训室，学生是活动的主人，从项目的创意，到研发的设计，再到实验性生产制作以及成果推介等，都由学生自主完成。与一般学习所不同的是，开放实训的学习成果不仅有研发报告，还必须有物化的"产品"。

（3）加强顶岗实习管理。为落实学院"三三制"工学结合人才培养模式，加强生产性实训和顶岗实习，学院制定出台了《浙江工贸职业技术学院生产性实训和顶岗实习实施细则》，要求在第一至第五学期每个专业安排学生到合作企业开展1～4个月不等的生产认知实习；在第六学期安排学生在合作企业毕业实习，使学生熟悉企业生产管理要求和岗位要求，熟练掌握企业岗位需要的知识和技能，与就业实现无缝对接，通过毕业实习，有意向的学生直接在企业就业，为学生就业提供保障。制度对生产性实训和顶岗实习进行规范管理，加强了组织机构建设，明确了实习的操作步骤、学生管理、教学管理，加强了实习的质量考核。同时，学院师生团队还自主开发了"基于3G的学生顶岗实践支持服务平台"，使工学结合过程的管理监控和交流服务变得简单便捷、高效有力，加强了顶岗实习的管理，全面采用网络管理，及时掌握各学生实习的动态，真正做到过程监控，提高了实习效果。

（4）深化与园区的产教融合。第一，加强对入园企业的考核。每个园区每年对入园企业校企合作情况考核一次，对校企合作成绩特别优秀的企业，学院给予适当奖励，同时授予"校企合作示范企业"称号，将作为今后续签协议的重要依据。第二，明确职责。各园区与企业在今后新签订的协议中，必须明确规定企业参与学院的订单培养、兼课的课程、学生实习、产学合作、教师实践等合作方式及数量的条款，便于落实校企合作。第三，对园区负责人的奖励与考核。园区校企合作纳入园区负责人年度考核，对校企合作效果不佳的园区，园区负责人年度考核不得评为优秀。第四，优先落实与园区企业的合作。优先推荐学生到企业实习、就业，优先开展订单培养，优先聘请园区能工巧匠作为兼职教师，优先开展产学研合作等，提高园区的校企合作利用率。

（四）双师建设机制

依托园区企业，创建并实施了"双师、双薪、双岗"的校企一体化师资队伍建设机制。学院教师既是专业教师，又是企业的工程师（双师）；既有教师代课薪酬，又有承担企业生产的薪酬（双薪）；既有教师岗位，又有企业生产岗位（双岗）。同时，企业员工同样因参与学院的教学具有"双师"身份、"双岗"资格和"双薪"报酬，有效解决了教师到企业实践锻炼难的问题，提高了教师的专业技能，优化了师资队伍的结构。

学院整合服务力和教育力，以专业拓展进行突破，教师在与企业合作项目中提升"双师"人才的实践及科研转化能力，鼓励广大教师到园区及各类行业、企业兼职实践，联合开展项目（技术）开发或课题研究。园区企业每年接纳两名教师进行为期 2～6 个月的实践，提升教师专业实践技能。让具有代表性的行业企业进驻园区，以合同为保障，选聘精通专业、谙熟生产技术的行业能手作为兼职教师，增强"双师"教师的合力，优化"双师"结构教师队伍，提高师资队伍建设水平。

第三节　产教深度融合背景下高校校企一体化办学的创新

下面以浙江工贸职业技术学院为例探讨产教深度融合背景下高校校企一体化办学的创新。

职业教育的发展之路，必须推行校企合作、工学结合。浙江工贸职业技术学院是落地温州办学的浙江省属高职院校。温州人杰地灵，文化底蕴深厚，市场经济发达，是改革开放的前沿。学院文化的精髓里不乏温州人勇于探索、敢于创新的精神。多年来学院围绕高技能人才培养模式改革的探索与实践，秉承教育服务理念，更新办学理念，创新人才培养体制机制，通过专业链与产业链、课业链与技术链、能力链与人才链的有效对接，进行了由校企合作、工学结合到校企一体、产教融合，再到学园城联动、产学研互促逐步深入的研究与实践，在专业内涵建设、课程内容更新、教学模式转变及课堂教学创新等方面进行了全方位的改革与探索，形成了产教融合与校企一体化的教学机制。

一、产教深度融合背景下高校校企一体化办学的专业建设

专业是职业院校办学的核心，良好的专业结构在社会转型期将决定学院的生存和发展。专业是高职院校开展教学活动的基本单元和各项资源配置的平台，也是学院内涵建设和特色彰显的主要标志，更是开展人才培养模式改革的平台和载体，以专业建设为抓手，开展课程建设、师资队伍建设、实训基地建设及教学模式改革是高职院校的普遍共识。

（一）基于校企一体化教育流程的理论分析

校企一体化，这是高职教育，乃至整个职业教育共同关注、探索和研究的热点问题。职业教育的特殊性决定了校企一体办学的必然。表面看，由于职业院校办学的价值取向与企业生产的价值取向有明显区别，使校企一体化的结合存在"先天"的诸多排斥。其实不然，学校教育与企业生产仍然有相融互化的结合因子，关键在于要激活它们，通过机制构建维系、保障相互的利益。校企一体化教育流程的研究，试图从教育视角对高职与企业深度融合的体制机制进行研究，从而构建高职校企一体化教育流程的基本范式。

1. 校企一体化教育流程的发展

职业教育的发展之路，必须推行校企合作、工学结合，强化人才培养模式的特色。高职校企一体化教育流程的概念，有必要分别对其中包含的三个分概念，即校企一体化、教育流程和高职校企一体化教育流程进行分析。

（1）校企一体化。"一体化"在这里是指关系属性的形态。校企的本源体是分离的，是不同的主体，但内在的某些联系促成了相互的深度融合，称之"一体化"，这里的"一体"是"化"的结果，是关系中的一体。就层次而论，校企一体化与校企合作比较，依存性更为紧密，是深度的结合。学校与企业本来是独立的两个主体，由于两者间存在着某些价值诉求和共同利益相关的诸多要素，使学校教育与企业生产相得益彰，真正体现出教学性生产与生产性教学的结合，这就是校企一体化的基本形态。另外，校企一体化与校企一体还有区别，之谓"化"，表明这种校企一体不仅是有形的一体，也更是合作体制机制契约下的一体。

（2）教育流程。教育流程的理论基础是一般流程规则的遵循和应用。客观世界的"因果"形态与主观辩证的"因果"形态有因然和应然的联系，这是任何"流程"的法则。教育流程所不同的是教育的特殊性和特定性。学校为了实现既定的人才培养目标，从专业设置、课程体系建构、师资配置、实践实训基地建设到教育教学过程的设计、实施，相关制

度机制的保障，质量监控与评估的措施等，是一个完整的有机系统。简言之，校企一体化教育流程系列，就是企业全面参与学校的人才培养，校企共担育人之责的运作范式和规则。由于教育流程运行的焦点是人才培养质量，其特殊性表现在流程实施过程的多主体性，如学习主体、教育主体、企业主体、政府主体等，各主体的职能发挥和良性互动，都直接或间接地影响着教育流程的执行和效果。流程结果的评价也非线性评价，在多维评价框架内参照的评价标准、分值权重，都有较大的弹性空间。由此可见，教育流程不同于一般的生产流程、物质生态流程，其教育规律的遵循与教育理念、价值取向、人才观认知等因素相关，内涵和外延的关系复杂，多主体间的相对性变化大，从而使教育流程的制定和执行较为困难。

（3）高职校企一体化教育流程。高职校企一体化教育流程是一个组合概念，首先确定了流程的属性是高职教育流程系列；其次是针对校企两个不同主体间融通的一体化流程。因此，概括而言，就是指高职院校与相关企业基于高技能专门人才培养，实施教学性生产与生产性教学紧密结合，确保校企利益双赢的运行机制和方法。在这里需要特别说明的是，高职校企一体化教育流程只是高职教育流程中的一个层面，其重点是针对校企关系合作流程的关注点和切入点是教育主导，而非生产主导，这与"流程"确保利益双赢并不矛盾。

2. 校企一体化教育流程的要素

基于高职教育视角下校企一体化教育流程提出和建立的理念，可从流程主轴与核心要素两个方面阐释。

从流程的主轴线递进的四个层级不难看到，校企一体化的主线仍然是教育性。在此基础上从校企的既得利益契约合作关系，体现出相互的包容、优势的互补和利益的互惠。

流程主轴的四个层级包含着丰富的内涵，其中必须关注的核心要素有"三力""五共""四化""四度"。

校企一体化的内聚力，简称"三力"，这是实现一体的前提条件。搭建校企一体化教育流程的平台，必须考虑合作企业的教育力，企业生产规模、生产效益要兼顾，但更重要的是要考查合作企业所具备的承担学生培养、学生生产实训中的技术技能指导的实力。学校自身也要根据师资、专业结构、学科技术和技能优势、科研能力等衡量与企业合作中能给予企业的服务力。更重要也是最根本的还要考虑学生的发展力，学生的专业性和专业能力培养是校企一体交汇的出发点和目的。

校企一体化有了共建的平台，继而需要达成合作目标，简称"五共"。教学、生产共时，要求学校的实践教学计划及安排，要结合企业的生产共时性；企业安排学生的实践岗位要尽量考虑与实践教学的计划和内容相联系。技术资源共享，就是强调高职的人力、智力、研发等优势与企业的生产、技术、市场化等优势充分整合，使之成为教育与生产共享的资源。课程体系共建，就是把专业课程与具体的专业核心能力结合起来，专家与行家共同为学生制定课程。专业队伍共建，是优势互补、资源共享的重要体现，让合作专业的教师成为企业的技术顾问和新产品研发的骨干，让企业的技术师傅成为学生生产实践的指导教师，以提升校企双方专业团队的实力。校企利益共赢，是一体化所追求的最终目标。

合作目标确定后，是实质内容的分解，其中"四化"要求不能忽视。课程范式项目化，强调实践课程要将专业性融入相关的专业生产项目之中，以专业生产过程的关键知识、核心能力安排实践课程。课程组织多样化，强调实践教学并不排斥传统的课堂教学、模拟性的实训教学等，倡导课程组织的灵活性、多样性。课程实践生产化，强调专业的实践课程要突出专业生产的知识特性和技术特性，尤其在真实的生产过程和生产环境中培养学生的专业技术及应用能力，是最关键的要求。课程成果产品化，是校企一体化实践教学绩效评价的特殊要求，因学习是真实产品生产中的学习，实践性产品的质量将是评价学生学习态度和知识应用及迁移能力的重要指标评价参照体。

流程的最后层级是检测和评价。本流程依据学习主体、合作主体间的"满意"程度从四个维度建立评价体系。学生满意度是最核心的标准，是整个流程操盘的重中之重。流程也考虑到校企一体化的多面性，提出了校企合作双方的满意度评估。另外，高职院校同样肩负着重要的公益服务的社会职能，校企一体化的效应不仅作用于相关联合体之间，也不可避免地会产生社会辐射及先导作用，放大高职社会公益服务功能，让更多的行业企业同享高校的优质资源，这是社会满意度的意义所指。

（二）基于校企一体化教育流程的实践策略

学校的办学定位是人才培养的目标确定、路径选择、质量保障的前提条件。浙江工贸职业技术学院坚持"跳出教育评价教育、跳出教育发展教育、跳出教育反思教育"的思路，确立了以教育服务为核心的办学理念。在这一理念的指导下，以育人服务、社会服务、科研服务为平台，以利益多赢驱动，推行教学中服务与服务中教学相结合，破解了职业教育难题，探索和创建了新型的高技能人才培养模式。

1. 教育服务理念，推动体制机制创新。以服务为宗旨，创建"政产学研市"的地方高校教育合力机制，破解高职教育发展的体制层面问题。在实践中浙江工贸职业技术学院逐步探索并形成了"五位一体"的体制架构，"五位"指政（政府）、产（行业企业）、学（学校）、研（科研院所）、市（市场或泛指社会），"一体"指各要素有机整合的"人才培养服务联合体"。其职能是政府主导、行业引导、学校主体、研究支撑、市场（社会）调节与检测。在具体的教学实践与改革中，政府主导的作用体现为地方发展战略规划对学校发展的影响和扶持；行业引导体现在对专业论证、课程设置、教学路径选择、质量考核制定等；学校主体是服务功能担当的主体，育人和文化科技服务并举并重；研究是服务的先行者，即包括教育研究和社会文化科技研究；市场及社会，这是服务的起点和终点。由此可见，浙江工贸职业技术学院以服务产业转型升级为切入点，形成以与政府、行业、企业合作，集人才培养、社会服务为一体的办学新模式，使高校成为政府、企业之外的助推地方产业转型升级的第三种力量。同时，也从机制上促进学校与行业办学的积极性，寻求内在的产学结合机制，整合各类社会资源，破解职业教育难题。

2. 教育服务理念，助推教育教学改革。传统的教学方式根本无法承载新型的高技能人才培养。教育服务理念的办学是开放型的办学，育人平台的开放性，为产业与专业、技术与课程、人才与能力的"链接"提供了保障，将学校教学系统与企业生产流程相结合，通过专业链、课业链、能力链的节点解决校企合作的难题。实现了"车间即教室，师傅即教师，工人即学生"。从专业调整、课程重组、教学更新的方方面面，开展系统化的教育教学改革。

3. 构建"三三制"人才培养模式。依托校企一体化的办学平台，多年来，浙江工贸职业技术学院逐步形成了高技能人才培养的"三三制"人才培养模式，这一培养模式的内涵是三种模式、三种能力、三个证书，具体地讲就是以提高高技能人才培养质量为目标，通过校企一体的办学模式、产教一体的教学模式和学做一体的学习模式，着力培养学生的专业核心能力、岗位迁移能力和可持续发展能力，最后使学生获得毕业证书、职业资格证书和顶岗工作经历证书。

（三）基于校企一体化专业建设的质量保障与评估

近年来，我国高等教育的教学质量成为人们关注的焦点。浙江工贸职业技术学院以校企一体、产教融合的专业建设为轴线，以产业链与专业链的对接为节点，围绕教学质量保证与评价展开更高水平与更深层次的探索和改革。

1. 基于校企一体专业建设的质量保障

与一般专业建设质量保障体系不同，校企一体化专业建设必须考虑合作多方的责任共担、利益共赢，并依此确定各自评价的关键要素。形成由决策指挥系统、管理执行系统、监督评估系统、教学资源保障系统、教学信息反馈系统和宣传激励与教学仲裁系统六大系统组成，以六位一体专业导学群为架构的专业建设质量保障体系，其中，每一子系统都由学校、企业、学生、学生家长等多主体成员组成，各子系统分工明确，协同配合。

（1）质量保障体系构建原则。

①目的性原则。制定专业质量保障体系，深入落实以生为本的育人理念，以提高人才培养质量、服务学生成长为主要目的。具体而言，就是专业建设中专业的定位、培养层次、课程体系及教学内容必须与学院定位相一致，与社会需求相匹配，与行业发展相兼顾。所以，构建专业建设质量保障体系时就要检验专业建设是否能达到预期的目标，与传统专业建设不同的是，还要检验是否实现了校企双赢，以保障合作的长效性和专业内涵建设的持续性。

②可操作性原则。构建专业建设质量保障体系的目的是为了监督和保障专业建设，使

之能按照一定的流程和操作规范执行，以保证校企合作多方开展教学性生产和生产性教学。因此，在构建专业建设质量保障体系时一定要保持与实际的建设过程一致，以便运行。

③监督性原则。从高校专业建设质量保障体系现状看，由于缺乏监督性，保障体系落实不够，效果不好。所以，形成全方位的闭环保障系统，在运行的同时加以纠偏很重要。

④稳定性。专业建设质量是一项长期的系统工程，需要校企一体的专业建设多方长期贯彻质量方针，切实做好各项工作。这就要求专业建设质量保障体系中的指标及内涵在一定时间内保持不变。

（2）基于专业导学群的六位一体专业建设保障体系构建。坚持以生为本的理念，学院构建了基于专业"导学群"的专业建设质量保障体系，同时配合以一年一度的学院专业评估，加强专业建设质量保障。

①"导学群"教学服务体系的提出。学习对象本身特性决定需要提供全方位的教学服务。高职学生本身自主学习、自我管理能力相对薄弱，特别是在互联网技术飞速发展的今天，各类网络诱惑越来越多。近年来，从学生座谈会及调研可见，学生在"希望的学习之帮助需求"中，绝大多数内容属于课程学习以外的需求。

从用人需求上来看，需要为学生提供全方位的学习服务。在以创新为主题的当今，培养跨专业复合型人才，以及学生的创新思维、创新意识和创新能力将是教学改革的关键。为此，要更加重视学生第二课堂及课外拓展的指导。

从教学管理上来看，需要为学生提供全方位的指导服务。增加学生学习的自主权是"课堂教学创新行动计划"的重点之一，自主权包括为学生提供自主选择专业机会，增加学生自主选择课程、自主选择老师的比例。这些选择需要为学生提供良好的指导服务。

现代教育理念的落实，需要为学生提供全方位的"导学"服务。教育的核心是教学，现代教学要体现以学生为主体、教师为主导的理念，在加强课堂教学管理指导的同时，不能忽略信息社会的特点，因其学习资源种类繁多、途径繁多，如何选择学习资源，如何应用网络技术，也必须由专业化的队伍指导。

所以，在网络环境下，"教"与"导"的分工越来越明晰，"教"应该更侧重众多资源的输送，"导"应该是服务主体围绕教学资源全面落实而采取的诸多服务方法和手段的总和。

如何更好地做好学生服务，特别是课外学习、个性张扬等方面的服务，如何充分利用互联网的平台优势，在学生指导与服务方面实现全方位、多途径、线上线下互动、实时与非实时结合，应该是未来课堂教学创新行动计划落实效果的关键因素。

②"导学群"的构建及运行。"导学群"必然是一个多角色一体化的运行组织，存在其工作机制及沟通协作的诸多困难。例如，浙江工贸职业技术学院引进了"世界大学城教育云平台"，为全员师生、合作企业相关人员开通了个人空间，为各专业搭建了专业机构

平台，借助学院世界大学城教育云平台，专业导学群实现线上与线下相结合的运行模式。一方面，在大学城平台上以专业、课程为单位开设平台和空间，专业或课程负责人作为平台（空间）的负责人，将导学群的各类人员及学生组织起来，进行线上沟通、交流、辅导，开展导学群活动；另一方面，组织实质性的导学群例会活动，及时发现问题、解决问题，为学生学习提供指导服务。

③"导学群"的组成。横向是专业（群）制，开展专业内部服务，一个专业一个群。纵向是层级制，分为学院级、分院级、专业级；每一层级的职能各不相同，但均围绕导学活动开展服务，一层服务一层，一层带动一层。六位一体的组织：每个专业的导学群采取组长负责制，组长为专业带头人，成员包括专业教师、辅导员（或班主任）、教学管理员（或教学助理、秘书）、教学资源（含技术）服务员（一般由专业教师兼任）及教学对象，负责为学生拓展学习收集或整合学习资源。六位一体职能互补、分工协作，整体解决学生学习的全部需求。

④导学群的运行。体现线上、线下结合的学院课堂教学改革创新的特点，导学群运行采取两种方式：第一，线下例会制教研活动。将每周两次教师坐班确定为专业导学群活动时间，开展线下实质性的集体活动。第二，线上虚拟导学活动。充分利用世界大学城教育云平台，建立专业导学群平台和课程导学群空间，专业导学群平台由本专业各课程导学群空间组成，根据专业问题或课程问题分别为学生提供服务。

专业导学群平台由专业负责人负责将所属课程、导学群成员、本专业学生整合在一起，并负责开展导学活动。六位一体的成员各司其职，切实解决本专业学生自主学习、素质拓展、职业规划等所需。

课程导学群空间由课程负责人负责将与本课程相关的成员及学生组织起来开展导学活动，切实解决本课程学习中学生所需。

2. 启动一年一度的院级专业评估

为了构建有序的专业调整和退出机制，激发学院办学活力，坚持"以评促建、以评促管、以评促改"的原则，启动了一年一度的专业评估，对专业建设工作起到了很好的促进作用。学院专业评估构建每年一轮的长效机制，每年3月开展学院专业评估工作。

评估对象：学院对全院所有开设3年及以上的专业进行年度评估。

评估主体：评估以专业为单位进行，对于有多个专业方向的专业，可在专业评估材料中分方向佐证。

组织机构：学院成立以教学主管院长为组长，教务处、学生处、科研处、人力资源部等部门负责人为副组长的专业评估领导小组，全面负责评估工作，负责评估方案的制订与适时调整、评估工作的组织、评估结果的公示和认定等工作。领导小组办公室设在教务处。各分院（系）成立专业评估工作小组，由分院（系）负责人、教研室主任、专业带头人等组成。主要职责是根据学院方案组织本部门专业评估。

评估内容及指标体系：基于构建长效性的学院专业评估机制，评估要客观公正、求真务实、讲求效率，采取定量与定性相结合的指标结构，强化数据支撑，简化评估程序和工作量。

评估组织方式：评估采取各院（系）自评与学院评估相结合的方式。其中，学院评估采取分工与合作相结合的方式。整体工作由教务处牵头组织，学生处、党院办（人力）、校企合作办等配合组织此项工作，学院学术委员会、院督导指导和参与。

评估结论及整改：学院专业评估着力构建长效性的评估机制，旨在通过评估激发活力，提高学院专业建设的针对性。评估结论在给出专业等级和排名的同时，应客观公正地提出专业存在的问题及后续建设的意见和建议。反馈的意见和建议需要经过学院学术委员会指导评议，以提高专业建设的针对性和明确专业后续建设的方向。各专业需根据评估结论制订相应的整改方案并组织落实，其整改效果将作为下一年度专业评估考查内容之一。

评估结论的应用：学院以专业为单位根据评估等级发放专业建设奖励经费，评估结论也是学院分配招生名额的依据。更重要的是，专业评估结束后对每个专业的反馈意见，将是专业后续建设和重点整改的重要依据。

二、产教深度融合背景下高校校企一体化办学的课程建设

在校企一体高职教育流程框架指导下，浙江工贸职业技术学院以工学结合为特征的高技能人才培养模式已逐步形成，学院发展方向、办学定位及办学特色已逐步明晰。此外，如何深化改革、做好细节，学院将加强课程建设和课堂教学创新作为新一轮改革的重要抓手，决心用新一轮改革促进新一轮发展，努力提炼总结产教融合、校企一体办学的高职范式。

（一）基于产教融合的课程建设理论分析

高等职业教育是我国高等教育的另一类型教育，其最核心的宏观要素主要是社会、教育者与受教育者，而在微观层面，职业教育的关系则更集中地表现在行业、专业和学业（以下简称"三业"）三个方面。因此，高职教育的新一轮改革之攻坚，就是要建构科学合理、高效便捷的"三业"融通机制，以提高职业教育课程建设的水平。

1."三业"中的"链"机理

高等职业教育以培养高技能专门人才为己任，其专门人才的特定性是由社会具体行业的人才需要所决定的，而承载和实施人才培养的基地就是学校分门别类的专业。

行业、专业与学业，如果泛泛从社会角度看三者似有联系而又非必然联系，有联系是因为"业"者为共生之根，其共性有相通之源；非必然联系是因"三业"各有所指，界属别类，自成系统。但是，将"三业"植入高职教育范畴，"业"之根则成为"三业"激活维系的灵魂。

2.影响"三业"融通的问题

影响"三业"融通既有机制上的因素又有观念上的问题，要推动高职教育新一轮的改革，绝不能回避这些问题。

分析高职"三业"内在联系的核心要素就会发现，"三业"之能构成一个关系体，是通过"高技能人才"为载体促成的。"专业"的育人、学业的成人、"行业"的用人，将学校与社会紧紧地联系在一起。按照相互关系及功能作用，高技能人才既是"三业"联系的载体，也是"三业"相互作用的结果。

高职教育基于高技能人才培养为中心的"三业"关系，表明高技能人才既是一种结果，也是一种过程。"三业"两两交互，彼此互为条件、相互依存、相互作用。如以"行业"为起点，顺应的层级关系表现为"专业"与"学业"。社会视角下行业生产需要怎样的技能人才、行业发展需要储备怎样的人才，决定着高职院校开设怎样的专业及专业方向，决定着具体的人才培养方向、规格及教育教学活动的组织。它们间的相关度、绩效如何，总会通过核心层的高技能人才的质量认同得以反馈，它们相互应然。依此推论，无论是以"专业"或以"学业"为始点，这种关系依然明显。要维系机制的正常运行，关键还取决于"三业"各自职能的发挥及互相关系的协调。

"行业"重在"两转一推"。"行业"是高技能人才培养的始点和端点，要确保"三业"融通，行业的"两转一推"需要从机制上完善。"两转"是指行业唯利润生产观向以人才为核心的发展观转变，从被动使用人才向主动参与人才培养转变。行业需要进一步更新人才观念，树立科学技术是第一生产力、人才资源是第一资源的思想，从行业发展战略的高度建立和完善人才机制。行业应主动与学校"订制"人才，依据行业需要参与专业、课程的开发，主动承担专业实训实践教学任务，努力提高行业生产性教学的能力。"一推"就是以行业人才需求为把手，推动高职教育的转型和人才培养模式的改革。"行业"与"专业""学业"的关系是通过"产业链"拓展并以专业人才培养及专业技术服务联姻的，因为"产业链"包容着基础产业环节、技术研发环节和市场拓展环节三大环节，它促成行业内不同产业的企业之间的关联，真实反映各产业中企业之间的供给与需求关系，同时也为高职院校的专业体系建立及专业方向集群、学业课程体系的设置提供了重要依据。

"专业"要体现"三通一体"。"三业"融通的机制中"专业"也有特定的要求，具体表现为"三通一体"。"三通"主要指政通、业通、学通，"一体"就是指技能人才培养一体化。政府方面应当拟定必要的鼓励和支持行业（企业）承担技能人才培养责任的政策，针对职高学生专业实践生产成本增加的问题，可考虑对正式列入技能人才培养基地的行业在现行政策允许范围内在税收减免、土地使用费、培训经费等方面给予倾斜。就其意义，"政通"将有效规范和强力推动"三业"融通的高技能人才培养，使行业的教育义务和责任在多赢机制下得到激活和强化。在"政通"层面，学校虽然是"弱势"，但利用专业开发之机，向政府职能部门积极反映并尽量争取扶持政策也极为重要。"专业"是实现

"行业"与"学业"相互融通的桥梁,对学校内部而言,"专业"对"学业"具有规定性和指令性,专业性质、教育层次、培养方向皆由此而定;而"学业"是"专业"的具体化,通过具体的课程内容承载专业的使命和专业培养的意志。由此可见,在"三业"的融通机制中,要实现"三业"融通和教育合力的增强,专业承载的目标性、中介性、协调性职能十分重要。"三通"是"三业"融通的条件和基础,"一体"是"三通"的反映和结果,它们间富有相承性,"链"接紧密,无论哪个环节出现问题,必将影响高技能人才培养一体化的进程和质量。

"学业"要突出"三和一贯"。在"三业"融通中"学业"的"三和"是指与行业和融、与专业和达、与学生和乐,"一贯"是指技能人才培养目标与过程实施体系的一贯化。

总而言之,与全国普通高等教育一样,在我国高职教育进入新一轮的改革时期,一些深层次矛盾和问题,特别是体制机制方面的矛盾和问题逐步显现。但日前在法国巴黎联合国教科文组织总部召开的世界高等教育大会认为,世界高等教育发展也存在七大新动力,其中科研、知识创造及共享合作机制就被列为第三个新动力。而学业链、专业链对接行业链,真正形成校企合作、互利互惠、人才互培、责任共担的"三业"融通机制,将是新一轮高职教育内涵发展和教育改革的攻坚对象。高职院校要实现可持续发展,必须以"三业"机制建设为抓手,融通"三业"链,提升教育价值链;要围绕技能人才培养的目标,在"三业"融通上寻找突破点,在"三业"对接上下功夫,在"三业"机制上创特色。

(二)基于产教融合的课程教学创新

下面以浙江工贸职业技术学院特色办学为例,主要有以下经验:

1.依托园区企业,实施产教融合的教学模式

学院三园区、一基地的开发实训平台,是学园城协同办学生态园的独特资源,也是学院实施校企一体、产教融合的有力支撑,依托这些宝贵资源,学院课程建设和教学模式改革成效显著,形成了多种模式的课堂生态。

(1)依托省级服务外包示范园,实施学做合一的教学生态。例如,依托省级服务外包示范园,注册了温州市知远科技网络有限公司,该公司主要进行移动互联软件开发。依托知远公司,计算机应用专业从第三学期开始,根据学生自愿报名、面试选拔,以及为期两周入室前集训等环节组成"知远教改班"。知远班重在专业方向分流的定向培养,旨在面向网页美工和 NET 程序设计师两个岗位培养具有实践经验的高技能人才。

培养模式:知远班采取半工半读的模式培养,每天 8 小时工作制,签到打卡。其中,半天上课,其余以"导师制"的方式,在知远工作室接受客户委托,从事真实项目开发。每位指导教师负责 4~6 名学生,课程教学内容就在项目开发中完成,课堂教学场地就是公司项目开发室。学生分为美工组、系统设计组、测试组等,岗位目标明确,学做合一。考核成绩由平时成绩和项目完成评定成绩组成。学生在工作室学习的 1 年期间,前 3 个月

需要完成 1 个入门级项目，后 7 个月参与 1～2 个业务逻辑比较复杂、系统功能和安全性等性能方面要求较高的企业级项目。

管理创新：知远班学生不仅考核方式灵活多样，而且采取学分替换、课程免修的弹性学分制管理办法。以真实项目为载体，实施学分制管理有利于分层次、分岗位的定向培养，极大地增加了学生学习的自主性，很好地落实了以生为本的教育理念。另外，相关教师也采取了"教学科研型"管理评价，在减少教师教学工作任务的同时，确保不会因改革让教师利益受损。学院支持工作室利用项目经费留用优秀的毕业生等，从机制上保证了改革的可持续。

改革成效：这种培养模式，通过项目载体，使学生体验了真实的企业环境、企业文化和企业压力，不仅提高了专业技能，而且有利于职业素养的培养。

（2）依托知识产权服务园，实施职业培训类复合培养课堂生态——"专业背景＋职业培养"模式的专利工程师复合型人才培养。例如，依托温州市知识产权服务园积极开展专利工程师培养，在对企业知识产权人才需求充分调研的基础上，学院与园区入驻企业——温州瓯越专利代理有限公司签订校企一体专利工程师培养协议，由校企双方合作开展专利工程师培养。根据理工科学生基础扎实、外语基础好、参加过知识产权选修课学习三个条件，从汽车检测与维修技术、数控技术、模具设计与制造、机电一体化技术、应用电子技术、电子信息技术等 8 个理工科专业通过自愿报名、集中面试的方式，选拔 50 名对知识产权有浓厚兴趣、专业基础扎实的学生，组建专利工程师班，安排在三年级第一个学期实施为期半年的知识产权职业培训。

培养模式：基于校企一体的"专业背景＋职业培训"知识产权人才培养模式，即学生在经过两年专业学习以后，第三年的第一个学期集中学习知识产权知识和进行实战性的工作，学习结束经考试合格，学生所学课程学分与原来专业要求的学分互换，获得由温州市知识产权局颁发，且被当地企业高度认可的上岗证专利从业资格证书。

改革成效：一是学生高水平就业。通过该方式培养的学生，因具有工科类专业功底和知识产权法律法规知识，特别是有实际专利申报、商标注册等维权的操作技能，很受企业的欢迎。二是探索了高职复合型人才培养途径。在已有改革基础上，把握知识产权高技能人才培养的先机。

2. 依托政府，完善课程内容，创新基于项目的通识教育课程

为进一步深化温州市高等职业教育发展综合改革，促进在温高职院校通识教育发展，加强对通识教育工作的指导，充分发挥通识教育在高技能人才培养中的作用，提高高职学生的综合素质和学习能力，受温州市教育局委托，由浙江工贸职业技术学院牵头成立了温州市高职院校通识教育指导委员会（简称"教指委"），学院院长担任常务副主任，教指委办公室设立在该院，教指委成员由温州各高职院校共同组成。成立以来，教指委开展了

系统的研究，并在学院高职在校生中开展试点实践。

以学生成长为本，以"大通识""小通识"为特色，形成了相应的课程体系和实践教学教材。"大通识"与"小通识"的概念界定："大通识"主要是指面向全校学生开设的公共课程，如思政、中文、外语、心理健康、音体美等学科等课程，重在与大学生相匹配的人文文化素质的提升；"小通识"是以专业大类为基础、提升专业基本素质、面向大类专业学生的课程，重在职业人文文化素质的提升，按课程的逻辑关系，小通识课程是大通识课程在专业教育中"软"职业素质的延伸、拓展和补充。

3. 依托云计算技术，创新基于空间的课堂教学生态

例如，浙江工贸职业技术学院引进与北京禾田雨橡科技有限公司开发的基于世界大学城的教育云平台，并启动了基于世界大学城的空间教学改革。

学院为各个部门开设了机构平台，为全院多名师生申请了实名制的教学空间。所有学生、教师和管理人员都以身份证配发了个人空间账号，上传了真实照片作为空间标志，教师和管理人员采用真实的职务岗位身份，学生采用真实的专业和班级身份，确保教学空间信息的真实性和安全性。实践证明，以云计算为核心的现代教育技术，为教育教学所带来的"破"与"立"，无论是深度、广度，还是教学突破的效度都超出了以往任何一种教学改革。

（1）基于云计算的空间课程建设。开展基于世界大学城的空间开放课程建设是学院基于世界大学城教育教学改革的主要内容。在实践中，学院坚持"以生为本"的理念，按照解构工作过程、重构学习过程的课程建设原则，在大学城教育云平台上开设了 C 语言程序设计课程空间，构建了以概念知识库、项目案例库、方法原理库、拓展资源库、辅助工具库、实施信息库六大要素为核心的空间开放课程。一方面，这些资源能为学生自主学习和教师教学提供很好的支撑，教师可以根据行业需求和教学对象的需求灵活地进行资源筛选、优化和重组；学生可以根据自主学习的需要在表格化的空间资源索引中，快速获取信息，高效处理信息，科学应用信息，从而提高分析和解决实际问题的能力。另一方面，由于网络传播的广泛性和方便性，这些资源也成为同类院校、行业企业共建共享、相互交流的载体。

（2）基于世界大学城的课堂教学改革。基于世界大学城的课堂教学改革是学院基于世界大学城教育教学改革的主要落脚点。在实践中，注重学生的主体地位和教师的主导地位，以 C 语言程序设计课程空间为支撑平台，通过强化课堂互动，培养学生的创新思维方式和创新实践能力；以着力为学生提供课内、课外的有效支持服务为抓手，提高教学效果，进行了较好的实践探索。

通过发布博客、评论有效实施教学互动，激发学生分析问题解决问题的能力。实践中，教师首先将教学目标、教学内容、教学要求、重难点问题以及相关学习资料等通过个人空

间发表博客，引导学生课前预习，学生可以通过课程空间中教师推荐的课程教学资源了解概念、查找方法、寻找问题的解决方案；课堂上，教师利用"翻转式"教学模式组织教学，学生通过共享自学成果、研讨集中问题、评论各种方案等多种途径，最终达到构建知识、提高技能的目的。例如，依托世界大学城有效开展翻转式教学，不仅极大地增加了教师与学生、学生与学生的多方交互，有利于把问题逐步推向深入，而且学生以主人翁的身份参与教学活动，发表见解，参与评论，学习的积极性得到充分的挖掘。在 C 语言程序设计课程中，针对"变量、指针、引用等形式做函数形参比较"的博客，部分教师都有五六百次回应和评论，内容涉及个别阐述、全面总结、相互比较、应用的适应性分析及具体的案例等，教学效果是其他教学模式很难达到的。

利用世界大学城云平台，拓展学生的学习时空，培养学生创新能力。世界大学城提供的实时、非实时的交互工具，创新了师生之间交流的机制。一方面，学生可利用微博、留言或电子邮件等方式将问题通过世界大学城云平台发送给指导老师，拓展了学生学习时空，使课堂教学得到有效的延伸；另一方面，学生也通过个人空间的建设，张扬自己的特长，展示自己的魅力，激发创新性思维，提高了分析问题和解决问题的能力。同时，由于学生的学习过程得到了虚拟的记载，学习成效进行了有效的展示，所以，学习的积极性和主动性得到了极大的激发。

世界大学城的出现，为学院教育教学所带来的以上突破和创新，使学院的教学改革顺应了信息化社会的需要。世界大学城的出现，引发了以下思考，它促使每一位领导思考：如何充分利用先进的网络技术，对教学过程进行科学的设计、组织、管理和评价；它促使每一位教师思考：如何依照教育发展的规律、人才成长的规律，审视现实课堂，使每一节课都成为学生成长成才的加油站。它促使每一名学生思考：要树立怎样的目标，并如何借助先进技术实现这一目标？

4.创新机制，优化课程，创新课堂

教育部印发的《教育信息化十年发展规划》着重强调教育信息化建设要坚持信息技术与教育教学深度融合的核心理念；要坚持应用导向和机制创新，意味着未来高校信息化建设的建设机制、建设目标、推动主体、评价指标等都需发生一系列的变化。例如，浙江工贸职业技术学院着力建设具有一流网络设施和高档终端设备的数字化校园，在数字化校园建设之初，学院就确立了最大限度地发挥数字化校园在人才培养中的作用；采用了自建与引进相结合的方式，使数字化校园建设与教育教学改革相结合；依托数字化校园建设的真实项目，使相关专业优化了课程内容，创新了教学模式，取得了事半功倍的效果。

数字化校园建设是一项含网络技术、计算机技术、教育信息化技术、软件技术、物联网技术等为一体的系统工程，建设过程本身就是一个学生实践的过程。学院的数字化校园建设与计算机网络、软件技术、电子信息工程等专业教学改革和人才培养过程相结合。

计算机网络专业师生全程参与了学院校园网的建设，该专业的专业带头人作为学院数

字化校园建设小组成员，将专业教学与网络建设做了很好的对接。如把工程建设的用户需求引入网络设计与规划课程，学生分组进行设计、答辩，最后让各小组对照项目真实设计方案，寻找差距完善优化；网络工程课程以校园网建设施工为教学主阵地，组织现场教学；网络安全课程以校园网安全设计为案例，以校园网为攻击目标，进行安全检测与优化。软件技术专业是学院与华东师范大学合作开展项目课程开发的试点专业，该专业在项目教学改革中取得了很好的成效，出版了高职计算机专业项目化系列教材。但是，无法获得更多的真实项目源，成为该专业项目教学改革继续深化的瓶颈。为此，专业师生成立了电子信息研究院，在数字化校园建设过程中，主动承接开发了学院的多款信息化管理系统，如学院科研管理系统、自主招生考试系统、工资管理系统等，不仅节约了数字化校园建设的成本，更重要的是给学生提供了真刀真枪的实践机会，使学生在真实的企业环境中，以真实的身份完成真实的任务，感受真实的企业氛围，分享真实的经验和成果，提高了学生的学习兴趣。在网络专业和软件技术专业依托数字化校园建设的改革取得一定成效的基础上，学院电子信息工程专业也及时把握机会，开始了与数字化校园建设相结合的改革，主动承担了学院"基于物联网的大宗设备管理系统的研究与开发"项目，把项目内容引入现代传感技术等课程的教学之中，教学效果明显提高。

5.围绕专业特点，做好开放实训室的建设

实训室是培养高职学生实践技能和创新能力的重要场所，学院积极探索与实践开放实训室的建设。

（1）开放实训室内涵与开放情况。"开放实训室"是指学校现有的各级各类实训室，在完成教学计划规定的实训教学任务和师生科研任务的前提下，利用实训室现有师资、设备、场地等条件，面向学院全体学生全面开放使用的实训室。目的是把学校优质的实训资源利用课余时间向全院各专业学生（包括非专业学生）开放使用，让学生根据兴趣爱好选择实训项目，激发学生学习积极性和自主性，从而培养学生创新能力和实践技能。

（2）构建开放性项目化分层实训教学模式。为充分挖掘开放实训室的功能，针对不同专业不同特点的学生群体，学院构建了开放性项目化分层实训教学模式。结合分院专业特色，根据实训室现有资源情况，选择专业特色、实用的内容作为专业创新实训项目，培养学生的实践能力和技术技能。院系特色项目型，该类型开放实训项目主要面向全院不同专业、不同层次的学生，学生可以结合个人兴趣爱好选修开放实训项目。技能竞赛训练型，该类型实训项目主要面向特定专业的优秀学生。文科类工程训练型，该类型实训项目主要面向人文专业、经贸专业、管理专业等文科类专业学生。学生社团活动型，该类型实训项目主要针对社团的全体学生。学生科研项目型，该类型实训项目主要面向全院有特长、兴趣爱好的学生。电子信息创新型，该类型实训项目主要面向全院专业技能较强的学生。

（3）在假设中前进，在前进中探索。开放实训室是一种新的尝试，没有现成的经验。学院开拓创新，大胆尝试。例如，文科类工程训练项目，为了培养文科类学生的工程意识和工程实践能力，开阔学生的视野，提高学生的综合素质，使文科学生成为懂创意、懂设计、懂操作，具备一定系统概念、工程意识的复合型人才。科研项目类则通过学生申请"学生科研项目"，以科研项目为载体，进入开放实训室开展收集资料、研究、发明等科研实践活动，培养学生发现问题、解决问题，以及沟通交流、团队协作等能力，促进创新性科研思维的形成。技术服务项目，则通过让学生进入学院各类技术研发中心，参与教师的技术服务项目，在教师的指导下以校企合作实战项目为依托，以完成产品开发为目的，开展各类技术服务工作，从而培养学生的专业技能和创新能力。

（三）基于产教融合的课程建设评价及效果

1. 校企一体化课程教学的评价

（1）评价机制。在校企一体化流程中，企业生产绩效的评价因产品的有形和可量，质与量的把控相对容易。而学校层面，因教育绩效的隐含性和缺乏直观物化的可比性，使教育评价复杂而困难得多。

校企一体化教学流程体系，是基于教育性和生产性的功能目的建立的。依据"教学共担，生产共责"的原则，形成以"校企一体化"为主体、以"教学性生产"和"生产性教学"为"两翼"的核心层。

（2）评价体系。校企一体化教学评价与一般教学评价不同，必须考虑"教学性"与"生产性"两大特性，并依此确定各自评价的关键要素。总体上，校企一体化教学评价是多元评价，评价主体包括教师、学生和企业师傅，是一个相对独立、完整的合成评价系统。

2. 校企一体化课程教学评价的实践效果

（1）评价方式多样。鉴于校企一体、产教融合课程与课堂教学模式的多元化，其评价方式也是多样的。例如，动漫设计与制作专业与温州报业集团开发运营了温州动漫网络，而且在动漫网上设置了"工贸专区"，学生综合实践课程的作品要在温州动漫网络的"工贸专区"中发布，作品的点击率就是该课程成绩评定的重要依据；涉外旅游专业受温州市旅游局的委托编写温州景点解说词，其被采纳情况即作为"旅游综合实践"课程成绩加分的重要依据；酒店管理专业的学生承接"温州天一角连锁小吃店"所有地名的多语种翻译，其质量即作为专业英语课程成绩评定的依据。

（2）优质的课程产生优质的教材。长期以来，学院重视教材建设，针对不同主题开发配套教材。一是针对专业创新创业的"专业综合实训类"教材。例如：《计算机专业综合实训》教材收集了知远网络科技有限公司师生团队开发的多个项目，在综合实训中供非知远班的学生仿真实训；《电子商务专业综合实训》教材收集了以"温州名购物"为依托的电子商务营销案例。二是针对校内实训室、科研机构开放所需开发的"开放实训室类"主题教材。教材不求大而全，针对跨专业学生普及相关技能所用，特色鲜明，实用性强，如电工电子类实训基地编写了"家用电器的日常维护"课程教材，汽车实训基地编写了"典型家用轿车的保养与维护"课程教材。三是针对项目课程改革的项目化系列教材。

三、产教深度融合背景下高校校企一体化办学的师资培养

专业是高职院校人才培养的载体和平台，专业建设是高等职业院校的核心工作。专业建设的核心是师资队伍建设，师资队伍建设的目的是为了专业发展，两者相辅相成。因此，在师资队伍建设中必须树立"队伍建设服务专业建设、专业建设促进队伍建设"的思想，达成按专业建设主线有序配置师资队伍资源的共识，建立起分层次分重点、共同目标共同投入的人才引进和培养机制；全面实施"以人为本，人才兴校"的发展战略，创新师资管理模式，建立有利于优秀人才成长和施展才华的运行机制，改善和优化师资队伍结构，努力开创师资队伍建设新局面。

高等职业教育的目标是培养生产、建设、管理、服务第一线的高素质技能型专门人才，对高职院校教师的培养提出了更高的要求：既要建设一支理论基础扎实、技术应用能力较强的"双师型"教师队伍，又要建设一支实践能力强、教学水平高的兼职教师队伍。所以，高职院校师资队伍建设应该关注以下五个方面。

（一）重视学校自身教师培养机制建设

高职院校应探索建立适合自身特点的教师培养培训体系，将职前培训、入职培训和职后培训进行有机的统一，采取灵活多样的培训形式，为教师各项业务能力的提高提供有利的平台和广阔的发展空间。高职院校应根据教师专业发展不同阶段的要求，把教师的职前培养、入职教育和职后培训作为一个连续的、统一的、终身化的发展过程来看待。职前培养重在基础，入职教育重在适应，职后培训重在提高，要在终身学习理念和资源共享原则的指导下，实现在不同阶段上不同教师教育培训机构之间的衔接、整合与重组，促进教师在整个职业生涯中不断提高专业化水平，从而建立完善的教师培养培训体系。将教师教育作为一个专业、系统、连续的培养培训过程，是探索新时期教师教育改革的一个突破口。

（二）建立师资培养的组织机制

要建立师资培训的组织机构和专家队伍，主要从三个方面着手：第一，以精品专业和核心课程体系建设为抓手，加大培养专业带头人和骨干教师的力度，努力打造优秀的教学团队。这是实现高职院校师资自身培养效果和提高教学水平的关键。第二，注重强化实践技能，培养"双师"素质教师。努力提高教师的实践教学能力，制定相应的鼓励政策，完善管理，要求专业教师尤其是青年教师每隔一两年到企业一线挂职实践一定时间，丰富教师的实际工作能力；资助教师参与产学研基地的技术服务或应用技术研究，培养教师的科研能力；要求并鼓励教师拿到国家劳动部门认可的中高级技术等级证书，不具备"双师"素质的教师不得承担专业课程的教学和指导学生的实践教学。第三，规范兼职教师的管理与队伍建设。建立外聘兼职教师档案，完善兼职教师考核制度，进一

步推进兼职教师的聘任和管理制度化、规范化；扩大兼职教师比例，逐步形成实践技能课程主要由具有相应高技能水平的兼职教师讲授机制，学生在校外实习或顶岗实习过程中，主要依靠兼职教师指导。

（三）依托国内名校强化师资队伍的培养

知名高校的优质教学资源对高职院校的师资队伍建设具有重要意义，借力于它，可以对高职院校师资培养发挥不可或缺的作用。

第一，知名高校拥有一批具有良好的理论教学水平和科研开发能力的教授和专家，这是开展高职院校专业师资培养的重要力量。

第二，知名高校具有悠久的办学历史和文化底蕴，有比较成熟的教学管理、学生管理、师资管理经验，学习借鉴知名高校的这些有益经验，是高职院校提高教学管理队伍水平、提升办学能力的一个有效途径。

第三，知名高校拥有良好的科研机构、科研设施和科研开发能力，这是高职院校开展"院校合作"、提高专业师资的技术研发能力，培养"双师"素质教师的重要保障。另外，知名高校的优秀毕业生也是高职院校师资的重要来源。因而，高职院校在师资培养方面可以建立起与知名高校合作的创新平台，以人才培养、专业建设、科技服务为重点，以项目为基础，努力形成"多向参与、优势互补、互惠互利、共同发展"的良性运行机制。学院还应努力探索"访问学者"、教师在职攻读硕博学位等进修方式，鼓励和派遣中青年教师，通过到知名高校研究所（研究中心），围绕课题及科研项目跟随导师进修学习，提高青年教师的技术应用和科学研究能力。

（四）大力加强优秀人才的引进力度

要大力加强人才引进的力度，吸引高层次人才加盟学校，尤其要围绕专业和团队建设，注重引进高层次领军人才、具有较强工作背景和博士学历的人才，促进多学科融合交叉，增强师资队伍整体创新意识。聘请大师级人物对专业建设和人才培养进行指导，必要时可采取"柔性引进人才"机制，坚持"不求所有，但求所用"理念，尽快提高专业带头人和人才梯队建设。同时，要积极引进有行业、企业工作经历的专业人才，加大兼职教师队伍建设力度，努力聘请各行各业的能工巧匠和专业技术人才担任兼职教师，从而构建一支高质量的双师结构教学团队，提高师资队伍建设的整体水平。

（五）实行开放式师资队伍培养与交流

我国要建设的是具有特色的市场经济体制。在市场经济体制下，人力资源也日益市场化，因而高校教师的合理流动也就成为一种必然的趋势。高职院校应紧紧抓住机遇，充分运用市场竞争机制，优化教师资源配置。

第一，提倡和鼓励教师跨校供职、任课，与企业、科研院所、工程技术单位、管理部门专门人才双向兼职，建立学校之间、学校与其他单位之间人才共享机制。本着"不求所有，但求所用"的师资管理新理念，通过有长期、有短期、有特聘、有客座、有兼职等"软引进"形式，实现人才智力、资源的柔性流动。

第二，利用校企合作平台，与企业建立教师培养机制，加强对产学研指导，使专业带头人、教学团队和企业结成战略联盟，使双方优势互补，实现双赢。一方面，每年定期选派青年教师下企业锻炼，参与工程实践和科学研究；另一方面聘请企业资深技术专家授课、讲学、交流，增强教师课程实践能力。鼓励教师多层次、宽领域、全方位参与国内外科技合作与交流，增强教师的创新能力。

第三，选派中青年骨干教师参加国内外学术交流和培训研修。为教师提供出国进修、参加国际会议的机会，让教师最大限度地获取前沿学科知识，学习先进的教育思想、教学方法和技术，更新理念，提高业务能力和科研水平。加大国际合作交流力度，邀请国外知名高校学者授课、讲学、交流，提高教学团队的国际化水平。

第四节 产教深度融合背景下高校校企一体化办学的保障

一、产教深度融合背景下高校校企一体化办学的体制创新

教育部针对校企合作存在的一系列诸如校企合作无制度保障，学校热企业冷，缺乏合作办学的内在动力；无经费保障，职业资格准入制度执行难到位；教学实际与岗位需求仍有距离，职业技能鉴定标准滞后于企业发展；学院专业人才培养方案的制订与企业对专业人才的要求仍然存在很大差距等诸多制约职业院校推进校企合作的因素，很多校企双方的合作还仅停留在表面层次的校企合作，并没达到深入的校企融合的合作程度，这种合作方式还有待进一步加深和探索。

此外，如何形成一个协调用人方、学习者、办学者等多方利益共享、风险共担的权责系统，建立一套行业企业和其他社会力量共同参与的支持性配套制度，显然还要突破体制瓶颈，强化立法保障。高职院校要进一步推进从"校企合作"到"校企一体化"的融合进程，并将实际运作经验不断上升为理论研究，将"校企合作"逐步优化为"校企一体化"合作办学新模式，并逐步形成典型专业的产教深度融合的案例。

职业教育的校企合作其核心内容主要是职业院校与企业在相关人才培养、培训中进行的合作。校企合作是职业教育的必由之路，已成为职业教育界的共识。

通过对诸多发达国家校企合作模式进行研究，发现其具有一些可供参考的共性点，如工学结合学制灵活，有充分的企业工作实习的时间；协同育人法治化，企业积极参与对学生的培养，并分担相应的经济成本，主动参与人才培养的全过程；学校教育紧贴企业需要，

真正做到与企业"零距离"接触，学校与企业成为深度融合的利益共同体等。

面对职业教育发展转型和地方经济产业转型的双重发展需求，高职产教融合与校企一体化的发展也进入一个新的挑战期，针对以往存在的地方高校产学研合作教育不深入，企业参与合作育人缺乏积极性和必要保障；地方政府缺乏校企合作培养高层次技术技能型人才的制度与鼓励政策，地方教育行政部门在高校和行业企业之间的桥梁纽带作用缺失；地方职业院校行业背景不明显，自身服务社会的能力不强、科研成果较少、得不到企业的信任和投入等现实状况，进一步思考职业院校产学研合作教育的配套体制具有十分重要的理论意义。

（一）产教融合与校企一体化的管理体制

现行高校管理体制客观上使地方院校没有或失去了行业背景，特色专业优势不明显，过于统一的课程标准和延续传统本科教育课程体系的设置也使得人才培养无法真正与市场接轨。职业院校的办学主体仍然存在一些自主权上的需求，更多的办学经费都被形式上统一的项目所限制，学校都要按照上级主管机构的要求进行相应的课程、专业、实训等的建设，从而导致众多职业院校的差异化不明显，重复投资和建设现象明显；也导致了一些急功近利的办学思想，教学的稳定性和专业发展的持续性难以得到保障，很多职业院校缺乏创新的实力和核心竞争力，在学院的发展定位上无法统一思想。因此，对于推动产教融合与校企一体化的育人工作的高校来讲，只有明确自身在产教融合人才培养中的位置和承担的责任，才能主动设计、积极推动形成学院自身特色的具有相对独立办学自主权和市场化因素的育人管理机制。

职业院校为谋求自身发展，抓好教育质量，采取与企业合作的方式，有针对性地为企业和社会培养专门人才，注重人才的实用性与实效性。毫无疑问，学校是产教融合与校企一体化育人工作管理的主体。虽然出于生产计划、学生安全等方面的考虑，企业缺乏与学校合作的热情，难以建立长期深入的校企合作关系，深度校企合作远远不够，学生实习多成为流水线的操作工人，但是近几年，高校的市场化办学意识逐步增强，职业院校也都认识到校企合作对于学生培养质量的重要性，充分发挥市场机制的作用，引导支持社会力量来兴办职业教育，行业企业是职业教育最大的受益者，也应该是办学主体之一。职业院校要不断研究人才培养规律与生产技术发展规律，将两者有机结合，做到职前教育与职后培养相统筹，培养专业知识结构合理、技术素质过硬、理论基础扎实、职业发展明确、具有企业文化认同感的学生。

校企合作是一种注重培养质量，注重在校学习与企业实践，注重学校与企业资源、信息共享的"双赢"模式。院校在关注企业需求变化的同时，还要积极整合政府、行业、企业与学校的资源，只有在确定培养培训规模，开发、设计、实施灵活的培养培训方案上起积极的先导作用，才能真正把产教融合、培养高素质技能型人才的文章做好。这就要求作为推动产教深度融合的院校在专业和课程设置、师资队伍、社会服务等方面具备相应的能力。

在专业和课程设置上，目前还存在与传统的"学术型"课程体系区分度不明显，灵活性不足，与市场需求脱节的情况。发达国家的职业院校的专业和课程设置往往都能根据市场需求灵活调节，并十分重视行业、企业的参与。国内职业院校首先要以地方经济需求为导向，根据地方区域经济发展的支柱产业、新兴产业的技术领域需求调整专业设置，并积极邀请行业、企业参与学校专业和课程设置，提高专业课程设置与产业结构的匹配程度，强化专业设置的适应性，立足覆盖完整产业链，保障人才持续、有效的供给。同时还要加快教学内容和配套资源更新，减少与企业生产技术相脱节的情形，融合企业对新技术新工艺的要求。

现有职业教育领域师资队伍的实践能力总体偏弱，专业教师参与企业生产科研活动的力度不大。虽然职业院校也十分重视"双师型"师资队伍的建设，但是由于高水平技术和技能人才在企业的待遇高于高校，高校引进全职"双师型"教师较为困难，因此更多的学校是鼓励聘请企业管理人员、工程技术人员和能工巧匠担任专兼职教师，这就要求职业院校一方面在教师聘任、评价和薪酬制度上构建有利于引进"双师型"教师，能够畅通行业精英进入高校、高校教师提高应用能力的渠道和机制；另一方面，支持学校教师参与企业生产科研活动，培养校内"双师型"队伍更是重点，"双师"是强调教师是否适合应用型人才培养，是否具备服务社会的能力。许多高校的经验说明，学校与企业共建合作研究平台，共同完成研究项目，并尽量吸收学生参与，既是产学研合作的最好形式，也是培养"双师型"教师最好的途径。

学院还要不断提升教师技术服务能力，积极回应企业需求，开展应用型科研，学生也可以参与其中，从而增加企业的参与热情。另外，行业、企业要渗透专业教学全过程，使得产学研结合更紧密、有实效，政府不断完善企业安全责任规定，解决企业的后顾之忧。

（二）产教融合与校企一体化的利益结构

破解校企合作难题就是要找准企业的"兴趣点"和"利益点"，以互惠双赢为基础，激发校企合作各方的内在动力和活力，从而促进地方与学校、校企之间真正实现同心同德，同行同向。各方利益共同点在育人，学校希望立德树人，培养符合社会发展需要的专门型人才；企业需要能够推动企业发展的创新型人才；政府需要能够满足地方经济转型与发展需求的急需人才等。

1.关注"兴趣点"

校企合作的前提就是要互相交流，厘清各方的需求"兴趣点"，再进行合作，针对性就强，合作成功的概率就高。在合作的过程中，尽量满足需求，实现"双赢"，这样的合作才会长久和稳固。

企业是市场的主体，在面对各类高校抛出的合作橄榄枝后必然会对自身的付出与回报进行评估，在市场中实行优胜劣汰是企业生存发展的必然规律，同样也将成为职业院校开展校企合作成效的检验标准。

2. 关注"利益点"

企业在校企合作中的利益诉求点主要体现在校内基地的生产可为企业提供新的车间，能扩大生产能力、缓解用工矛盾等；校企合作不仅弥补了企业在职业教育中的投入，更增强了企业在行业中的竞争实力；职业院校的科研资源对于企业来说则是第一生产力，企业设备、场地的扩大和人员素质的增强也壮大了学校和企业科研团队的研发力量，有力地促进企业技术更新，增加其产品和服务的技术附加值，增强市场竞争力。

学校获得的利益诉求点体现在企业拥有资金、设备、实训场地等职业院校普遍缺乏的物质保障；校企合作能够极大地提高技能型人才培养质量已经成为共识，社会声誉好的校企合作的企业不仅因其所承担的社会责任而获得社会的认可和赞赏，还可以提升高职院校的社会声誉；社会信赖给职业院校带来的是更多的捐助、生源和就业机会等。

校企双方还有很多直接相关的共同利益点，主要体现在校企合作不仅能培养和锻炼职业院校的学生和专业教师，还能锻炼和提高技术人才和行业精英的理论水平和文化素养。校企深度合作，共同培养高质量的技术人才，职业院校需要由既懂理论又有较强实践操作能力的技术专家培养企业生产、服务和管理一线的高素质技能型人才；职业院校要培养有较高职业素养的毕业生，必须引入企业文化，而企业要向现代企业转型，也需要在职工中宣扬人文精神和奋斗精神，提高员工的目标认同、价值认同感等。

3. 找准"着力点"

要推进产教深度融合，就需要在利益分配机制方面进行体制创新，通过校企双方各自在组织、团队、制度、科研和文化等方面的管理创新，把职业院校与企业的利益很好地统一起来，并最大限度地满足校企双方的利益诉求，才能真正实现校企深度合作、产教深度融合。如建立技术型人才培养创新机制，鼓励海内外高水平研究型大学参与支持地方应用型院校发展，共同面向产业转型升级，建立科技创新、技术研发和技术创业的协同创新体系，提高职业院校技术创新和引领产业升级的能力；建立专兼职教师融合机制，兼职教师与学校专业教师结对共同开发科研项目、编写教材、设计课程和建设专业，在团队合作中取长补短，提高专业教师的实践操作技能和对生产实践、市场动态、企业文化的理解，同时也提高企业技术人员的理论素养和研究水平；依托学校的实验室、实训基地和企业的生产车间，对企业存在的技术和管理难题联合攻关，在开发新技术、新产品、新工艺的过程中，逐步形成科研与教学一体、开发与应用一体、服务与创收一体的科研运行机制。

（三）产教融合与校企一体化的企业保障

高等职业教育的发展要充分依靠行业、企业，企业要和职业学校加强合作，职业教育应当实行产教结合，要充分依靠企业力量，服务于区域经济建设，而县级以上地方各级人民政府要在发展职业教育中发挥主导作用，重点办好起骨干和示范作用的职业学校和职业培训机构，组织、指导并支持企业、行业和社会力量举办职业学校和职业培训机构。

校企合作需要企业发挥积极作用，政府和学校就要营造有利于校企合作、产教融合的良好环境，毕竟校企合作的双方是有共同核心利益点的。学校要积极调整专业设置，提高教师技术能力，加强同企业沟通，尽量为企业提供其所需要的实习生，提高企业的积极性，形成良性循环，核心还要提高院校的技术研发和转移应用能力，帮助企业解决转型升级的技术问题。有意愿开展校企合作的企业最想与有企业化运营思路、关注内涵建设的学校合作，最像企业的学校是最理想的合作对象。

政府在职业教育发展中扮演着重要的角色，通过制定政策、制度和法律规定来监督、引导和保障职业教育的发展。这些法律和政策必须对政府、企业、学校之间在职业教育实践活动中的权利和义务进行详细而明确的规定，明确企业合作育人的主体责任，出台优惠政策，激励企业承担育人责任。目前，很多企业未能将校企合作当成是一种培养人才的责任，对于学生的长期实习或交替实习，企业顾虑自己的生产规律和节奏，出于生产计划、学生安全等方面的考虑，缺乏与学校合作的热情。学校培养的学生在校期间由于很难快速掌握最新的技术革新需求，学生实习多成为流水线的操作工人，所以学生实习只会给企业生产带来麻烦，甚至影响生产效率，深度校企合作无法达到效果。

因此，一方面政府、学校要给予企业承担育人责任的法律地位和良好的合作环境，另一方面要不断完善相应的政府法律法规和学校的人才培养体系和专业市场竞争力。通过搭建校企合作的人才培养平台和工学结合的人才培养通道，形成政、校、企之间信息沟通渠道，用完善的法律法规来规范和约束校企双方的行为，并且根据经济发展和社会变迁的需要不断进行调整与修订，使得校企双方在合作中能够有法可依、有章可循，有效地避免校企双方因权利不清、职责不明而引起的冲突。

二、产教深度融合背景下高校校企一体化办学的评价体系

评价体系的建立对于产教融合与校企一体化的系统化具有重要的指导作用。职业教育不同于普通教育，要建立行业企业和社会共同参与的评价机制，要建立以贡献为导向的学校评价模式，以及以能力为核心的学生评价模式。目前，由于相配套的制度、标准没有全面建立和完善，很多专业领域开展较为统一和完善的评价体系建设工作存在一些不足，但是通过学习和借鉴国内外已建立和成熟的质量保障体系，有利于使校企一体化的育人工作更加优化。

（一）基于产教深度融合的校企一体化办学评价原则

建构评价体系主要有以下原则：

1. 导向性原则。产教融合与校企一体化评价体系的构建是推动专业人才培养质量不

断提高的重要保障。评价体系的构建要体现引导和鼓励被评价对象、参与评价的人员和机构向正确的方向和目标发展，承担各自享有的责任和有效行使教育和被教育的权利。

2. 科学性原则。科学性原则主要体现在理论与实践相结合，以及所采用的科学方法等方面。评价体系要在理论上站得住脚，能够反映被评价对象的客观实际情况；评价指标体系能够在基本概念和逻辑结构上严谨、合理，抓住评价对象的实质，并具有针对性；评价体系还要具有很好的实践操作性，能够体现考核准确、全面、规范和方便等特点。

3. 多元性原则。评价指标体系构建是一个较为复杂且涉及面较广的一个工作。鉴于不同的考核对象和培养过程，产教融合与校企一体化的评价可以使用校内和校外两个考核体系，校内主要是教师评价、教学管理、学生学习评价、学生评教、组织专家评教等，校外主要是企业对实习实训和毕业生质量进行评价、社会中介组织对学校人才培养效果进行评价、毕业生对学校培养效果进行评价、政府组织对学校教学水平进行评估。也可以采用理论和实践教学的考核体系，或者是理论教师、实践教师、学生、教育管理者等多方多元的评价内容，从而形成一个系统的评价体系。

4. 效益性原则。立足市场的高职教育办学，其产教融合的校企合作仍然是一种关系的、利益的合作，需要认真处理好公益性与市场性、服务性与效益性、合作性与竞争性的关系。效益性是要争取立足公益办学基础上的最佳经济效益，通过专业人才培养的课程链与企业生产链之间的评估，促进产教融合效益提升。

（二）产教融合与校企一体化的质量评价

1. 组织保障

（1）校内评价监控组织。校内评价监控组织要以校内第三方的角色进行定位，主要承担撰写学院年度教学质量报告、全校专业评估、学校教学质量保障，以及学校教学基本数据采集等职责。该组织要相对独立于各分院系，组织成员要能够脱离于具体的专业教学之外。

（2）教学指导委员会。各专业或专业群均设有专业教学指导委员会，该委员会的机构要充分考虑到专业带头人一类的专家、产教深度融合的行业企业，以及在读或毕业学生、家长的代表，从不同角度丰富和完善产教融合与校企一体化的专业人才培养质量评估体系。

（3）校企合作委员会（产教合作委员会）。该机构主要承担学生实习实训教学质量评估。要充分调动学院与行业企业的积极性和责任心，行业企业是产教融合的重要推动力量。行业要加强人才需求预测，制定人才标准，参与课程改革，开展质量评价等；企业要全面参与到学校管理运行全过程中，积极参与办学、定制专业，探索双元制培养，共同开发课程教材、交换专业技术人员、开展联合科研以及共建技术中心，提供培训基地和实习实训基地。主要职责是实训实习的质量监控、共建校内外实训基地、完善行业企业专家数据库、搭建产教融合的沟通交流平台等。

2.评价内容

（1）教学质量的常态化监控。职业院校产教深度融合质量内部评价可以分为学校评价、系部评价和教师评价，重点考查产教深度融合的组织与领导、职责履行、合作成果、人才培养方案、人员交流、项目建设、基地建设、毕业生社会声誉、教师成果转化等方面。校内评价以教学督导、专业评估为抓手，组织教育专家、专业领域专家和教学管理等部门进行全面、定期的监控与评价，理论学习以"够用"为度。

校内外实训教学和实训课堂主要是对校内实训条件、教学内容及岗位适应度、企业人力资源、工作团队、技术培训、订单完成、文化提升、流程再造、新产品开发、新技术引进、企业品牌升值等方面进行评估。学生岗位能力形成以"实践"为主，不定期邀请行业企业专家进校园课堂、实训车间对教学内容、方法进行诊断，有助于提高课堂教学与就业岗位的匹配度，提升专业人才培养总体水平。

（2）开展实训实习场地评估与调研。实践教学是学生岗位能力培养的重要环节，实践教学的实施对教学时间的安排、实训场地的条件、实训设备的配备等物质保障有较高的要求。校内外实训教学评估，应注重对教学时间、实训场所、设备设施等保障条件进行评估，尤其是对实训实习场所建设、运行、管理以及实际绩效等方面进行评估，对发现的问题要及时提出整改意见，并加以落实。评估实施小组要形成定期进实验实训场所调研的制度，并在一定范围内进行通报。

（3）重视对学生学习过程和学习效果的监控。通过校企合作，校企双方都会在人才培养标准、课程设置内容以及对岗位的基本技能方面进行全面的研讨，并形成一系列理论教学模块、技能教学模块、素质教育模块等教学体系，对这些教学内容的实施和监控往往成为重点。但是对学生学习过程的监控以及学生学习效果的评价往往会过于宽松，尤其是在素质和素养方面的评价难以量化，恰恰这已成为企业对学生选拔的重要条件之一。实践过程的技术指导与技能评价，以及毕业设计所体现的技术创新能力和学术素养的评价是最能充分反映学生学习过程和学习效果的，加强这两个方面的评估有利于人才培养质量的提高。

3.评价方式

（1）量化考核。现行的高等院校均建有一系列的考核指标，如学生评教、督导教学评价、专业评估、课程考核、职业资格考核等。目前还存在一些无法准确量化的产教融合人才培养评估内容，如校外实训指导教师的评估、工学结合定岗实训过程的评估、校内外实训场地设备条件的评估，以及行业企业参与度评估等。在产教融合与校企一体化的人才培养质量评估体系中应逐步完善可以量化的评估指标，将无法准确量化的评估指标逐步进行量化，最终形成一个较为系统和完善的量化考核体系。该体系能体现理论教学和实践教学的过程、质量，对学生的技能、学识、素养以及未来发展的潜力进行较为准确的评估。

（2）信息化监控。由于评估过程涉及的空间场地范围正在逐步扩大，教学按照模块化、岗位化方向建设正在细化，教学过程涉及的管理、服务、教学与学生等角色众多，形成的考核信息也十分丰富。要快速分析和处理这些数据，仅仅依靠传统的人工方法进行分析统计，所需要的人力、物力和时间投入将是巨大的，甚至无法完成本应完成的教学质量评估工作。利用智能终端和发达的现代信息技术，可以方便教学质量评估、原始信息的采集、大量数据的统计分析，以及最终分析报告的传阅与公开。

（3）自我评估与第三方评估结合。传统的教学都很重视学校自己内部的质量监控和评估工作，随着上级教育主管部门将教育质量评估逐步放开，第三方中介评估机构的市场正在形成。充分利用第三方评估机构的评估力量和相对独立性，可以更为全面和客观地反映教学质量的真实情况。具有官方背景的教育评估研究院、具有专业人才的专业评估机构，或者是行业组织等都可以成为具有说服力的第三方质量评估机构。如行业协会作为校企合作的第三方承担产教深度融合的质量评估，可以按照行业企业标准，从产品、工艺创新、组织创新等维度进行权威的评估，对产品生产过程、技术研发过程、实习见习实践课程教学、教师下厂锻炼、员工在岗培训、人才培养方案是否符合行业产业发展等进行检查和评价，按照企业具体评判标准评价学生的考核成绩，反馈生产企业对职业院校人才培养的意见，以及职业院校对搞好企业生产的建议，不断引导和规范产教深度融合。

（4）建立激励制度。产教融合与校企一体化的教育评估主要目的是不断引导和激励校企积极承担人才培养的责任，为地方经济产业转型提供人才支持。政府相关部门应定期开展产教深度融合督导检查，在此基础上合理设计各种奖惩措施，表彰和奖励那些产教深度融合效果好的生产企业、职业院校、当地社区和行业组织，同时对违反产教深度融合相关法律、规定、政策的生产企业、职业院校、当地社区和行业组织进行不良信息通报等。

（三）产教融合与校企一体化评价模型的构建

建立科学的评价标准是落实产教融合与校企一体化人才培养质量监控的前提。通过构建多方多维度的评价指标，避免评价内容的主观性和模糊性，并通过激励手段强化企业在评估体系中的责任意识，最终形成完整的评价体系。同时，依此体系运行机制，构建科学的评价模型。

产教融合与校企一体化的评价过程是一个人才培养质量全面提升与管理的过程，其管理的模式与美国著名的质量管理专家戴明提出的"戴明环"有极其类似之处，虽然PDCA管理循环模式是针对企业而创造出的一种全面质量管理模式，但是其"一个组织以质量为中心、以全员参与为基础而达到长期成功的管理途径，其目的在于让顾客满意和本组织所有成员及社会受益"的理念是可以借鉴的。同时，考虑到产教融合与校企一体化的人才培养受资源条件的影响比一般企业产品生产要大得多，因此在"戴明环"的基础上增加一个资源条件，形成一个产教融合与校企一体化的质量评价模型R-PDCA。

　　根据构建的模型，细分指标体系二级和三级指标，并通过模糊综合评判法结合专家赋值法确定每项指标的权重。权重是反映某一层指标因素相对上一层指标重要程度的量值，它表现了对诸多因素的一种权衡。根据其重要性予以赋值，是评价工作的一项重要工作，其设置体现科学性，决定评估结果的合理可信。根据专家赋值法分别就各模块的具体内容进行权重赋值。

第五章 产教深度融合背景下
高校教育的行业学院模式

第一节 产教深度融合背景下高校行业学院模式共同体

建立产教共同体对提升产教融合整体质量具有重要意义。产教融合共同体的内涵包括战略共同体、利益共同体、情感共同体、行动共同体。政校企行多元主体应通过共建组织，架构战略角色系统和战略联盟；共创愿景，达成政校企行发展共同体；共育团队，校企人力资源双向流动两栖发展；共筑平台，建立功能复合的五合一基地，促进学生成长、教师发展、业界增效、校企衔接。

近年来，我国在教育、产业、人才、金融等领域出台产教融合系列政策，对高等教育与经济产业协同发展产生了积极影响。群体组织目标实现的必要条件是建立具有共同目标的利益共同体，产教融合需要形成具体组织结构来承担共同体职能，围绕共同体的利益，协调各方需求，协同推进，同向同行。产教共同体的形成对产教融合整体质量意义非凡。

一、产教深度融合背景下高校行业学院模式共同体的层次

为进一步厘清产教融合共同体的内涵，对校企合作与产教融合的重点要素进行对照梳理。产教融合是一种校企合作深化发展的宏观理想，校企合作蕴含在产教融合之中。就合作层次而言，校企合作主要是学校与企业的结合，合作对象一般是单个企业为主，如"订单式"培养、"校企合作班"，产教融合的"产"指产业界，"教"指教育界，是产业与教育的结合，合作对象是以龙头企业为主的企业联盟；就合作主体而言，产业界主要包括高校与企业，教育界包括高校、产业、政府以及社会；就功能路径而言，产业界主要以人才培养为主，侧重于人才培养模式改革与培养制度建设，教育界复合了人才培养、科学研究和社会服务等功能，侧重于办学模式创新和办学方向整体把控。与传统的校企合作相比，产教融合是产业与教育更高层次、更大范围的贯通和融合。

伴随产教融合深化发展，产教融合共同体概念得以提出并拓展。产教融合共同体在以下方面达成了基本共识：在构成方面，是教育与产业等主体融合形成的生态体；在认识方面，主体成员具有共同愿景；在情感方面，主体成员具有归属感和身份认同感；在行动方面，需要主体成员进行对话、沟通、参与等融入生态体，并且激发主动自觉参与行动的内

生动力，形成的共同体主要包含以下四方面：

第一，战略共同体。产教融合共同体是教育与产业融合形成的生态体。产教融合主体包含产业主体、教育主体、协调主体、目标主体四部分，行业、企业是产业主体，高校是教育主体，政府是横跨产教双方统筹协调的主体，社会则是产教融合的目标主体。产教双方作为社会的重要组成部分最终指向社会进步，战略共同体位于产教融合共同体的最高层次。

第二，利益共同体。共同愿景是产教融合共同体形成的基本前提。群体成员基于共同利益建立共同目标、共同的使命，形成基本共识和价值观，这是产教融合共同体形成的基本前提。产教融合共同体共识需要教育、产业、社会等主体对产教双方提供产品和服务的彼此意向，经过相互承认、反复沟通和理性取舍等环节方能达成，是理性化意向一致的结果。产教融合共同体的目标愿景是以人才供需和技术创新为结合点，促进教育链、产业链、人才链、创新链有机衔接，推动教育与产业相互贯通、相互协同、相互促进，实现经济社会高质量发展，利益共同体是产教融合共同体的基石。

第三，情感共同体。产教融合共同体需要主体成员形成共同归属感、认同感。只有双方相互行动中互为取向的社会关系打上同属于某一整体感觉印记时，才产生了共同体。产教融合命运共同体应该体现一种精神倾向、情感归依和心理认同，它既是一种组织与实体，更是一种意识与精神，情感共同体是产教融合共同体的价值导向。

第四，行动共同体。对话、沟通、参与是产教融合共同体的基本保障，激发成员主动自觉参与行动是共同体发展的根本动力。共同体共识需要经过相互承认、反复沟通和理性取舍才能达成，其必然离不开成员之间不断的联系和沟通，这也是形成共同体特征的必然途径。同时，单有对话沟通机制不足以保障共同体形态的可持续性。现代共同体建于被启蒙的主体之上，主体的自我意识获得巨大的解放，自我的积极能动性得到极大的释放，现代共同体的共识达成有赖于主体积极的自我能动性的参与。行动共同体是产教融合共同体的保障和动力。

"因此，产教融合共同体的内涵可以总结为战略、利益、情感、行动四个相互联系、相互交织的层面，共同影响产教融合生态体的产生、生长和可持续性发展①。"基于产教融合的基本框架以及校企共同体和上述产教融合共同体的内涵界定，产教融合共同体是指教育、产业、政府、社会等主体以合作共赢为基础，以共同愿景为目标，通过对话、沟通建立充分沟通与联系，形成具有共同归属感、认同感和参与行动自觉能动性，集人才培养、科技开发、社会服务等功能的产教生态体，是互相开放、互相依存、互相促进的政校企行合作新型办学形式。

① 张晞，张根华，钱斌，等.行业学院模式的产教融合共同体——以常熟理工学院光伏科技学院为例[J].高等工程教育研究，2021（05）：130.

二、产教深度融合背景下高校行业学院模式共同体的实践

（一）共同构建战略角色系统和战略联盟

行业学院应实行理事会领导下的院长负责制，遵循《理事会章程》，构建政府、学校与企业、行业共同负责和管理的运行机制。在苏州市与常熟市政府统筹协调下，常熟理工学院光伏科技学院联合行业协会和骨干企业成立光伏科技学院理事会，对学院重大发展事项做决策咨询。采取院长负责制，设置院长办公室对学院行政、人事、财务、教学等事项进行全局管理，院长办公室下分别设置人才培养指导委员会、师资队伍建设委员会、产学研合作管理委员会负责具体运行事宜。学院明确"一体制、四机制"组织管理体系，包括定期协商、随时协调的组织领导体制，项目载体、配套自筹的经费投入机制，四位联动、资源集成的实施运行机制，优先倾斜、资源共享的政策保障机制和全面合作、互动共赢的目标达成机制。总体而言，建立政校企行多方联动的战略联盟，初步架构运行高效的战略角色系统，并且充分吸收现代企业制度优势，搭建扁平化的管理架构，优化创新资源配置，打破体制壁垒，在人事、分配等方面呈现柔性和灵活度，推进行业学院发展。

（二）通力合作形成政校企行发展共同体

为消除校企价值追求差异导致合作过程中出现的问题，常熟理工学院光伏科技学院坚持政校企行在融合中共赢、在共赢中发展，在目标、价值观、使命感层面建立共同愿景，求同存异，展望未来，构造共同体组织的基石。以利益融合为前提，在文化、制度、资源各方面政校企行多层级多维度互联互通形成整体合力。首先，利益融合，以他方需求为中心，以高质量光伏人才供给和高水平科技服务为切入点，确立利益共赢、互惠互利的产教融合长效机制；其次，文化融合，在利益共同体层面凝聚集体文化，增强为区域光伏产业发展服务的共同体责任与使命感；再次，制度融合，现代企业管理制度与学校教育教学管理相互渗透，增强规则意识和职业发展能力；最后，资源融合，共建、共管、共享人力、技术和实体资源。学校与行业企业在管理层面、师资层面交叉兼职、任职，促进人力资源双向流动双栖发展。

实体资源包括教学科研机构、实习实训基地、学生创新创业、员工培训、技能鉴定等，实现学校技术成果与企业产品技术有机结合，推动知识与技术相互转化。形成以高校"四引"（引入行业标准、引入先进设备、引入先进技术工艺、引入行业高水平师资）和行业企业"四获"（获得企业后备人才、获得科技服务、获得员工职业培训、获得企业社会声誉）合作共赢局面，达成政校企行发展共同体。

（三）团队合力促进资源双向的两栖发展

人力资源是行业学院建设发展的第一资源，促进校企人员双向互动是资源融合的重要内容，也是校企利益共赢的结合点。在现代工程教育背景下，常熟理工学院光伏科技学院

与行业企业合作组建师资队伍建设委员会，为学院师资发展提供决策。建立行业学院教师工作室，承担行业学院内部师资交流、培训等业务，建立校企人力资源共建共享机制，支持学校教师和企业技术专家双向流动、两栖发展，将行业学院建设成为高素质"双师型"教师培养培训的重要载体。

一方面，全面实施工程师资达标计划，以实施"产业教授计划"和"高工级教授计划"为引领，通过多种方式、多种途径，从联盟企业选聘实践经验丰富的高水平工程专家和管理人员担任兼职教师，大力引进具有丰富工程经历的教师；另一方面，完善师资队伍能力结构转型的教师激励机制和评价机制。对现有专职教师，学院明确提出企业工程实践经历和定期持续更新的要求，纳入职称评定和绩效考核。支持、鼓励、保证专职教师到联盟企业获得足够的工程实践经历，并不断更新工程知识，掌握新的实践技能，丰富工程实践经验，不断提升教师工程能力素养，强化工程背景。在行业学院内部师资双向互动过程中，校企双方人员实现了专业理论知识和工程实践能力的双向融通，共生发展。

（四）共筑五合一基地促进产教科教融合

针对产业转型升级和技术更新演变，行业学院应进一步动态对接产业链，加强产教融合人才培养的深度、参与主体的广度以及科技开发面向应用的效度，与行业龙头企业积极探索融合教学实习、企业导师来源、学生就业、教师企业研修、教师产学研合作功能复合的五合一基地，促进学生成长、教师发展、业界增效、校企衔接。区别于传统实践教学基地挂牌多、合作应用少的情况，五合一基地采取立项、审批、授牌、认定评估等过程化管理，并且在五大功能上拥有明确认定标准。五合一基地的五方面建设内涵不是简单叠加，而是彼此相互关联、相互促进，整体提升基地建设水平。教学实习基地成立必然促进合作教育开展，合作教育开展有效吸收培养企业工程师作为校外导师，校外导师和学校教师间工程实践和理论知识的交流互动促进学校教师工程实践能力提升，并且吸引教师进入企业研修，企业研修开展和企业导师实施促进了学生培养质量提升，学生获取工作机会增加。

与此同时，教师实践能力提升，促进产学研合作开展，科研项目开展，通过科研反哺教学，又促进教学实习基地质量提升。五合一基地建设整合了有限的教育资源，使得原有多种类型的"粗放型"基地建设，向多功能、优质基地建设发展。通过校企联合、资源共享，建立平等、互利、互信的合作关系，调动了企业建设基地的积极性和热情。在五合一基地中，企业场景化的实习实训平台让学生学习真正融入真实生产和技术开发工作环境，在来自企业真实案例的项目化教学中真正实现"做中学"，在解决行业产业实际复杂应用问题中，促进多学科交叉融合、产教融合、科教融合。

第二节　产教深度融合背景下高校行业学院模式专业群建设

一、产教深度融合背景下高校行业学院专业群的认知

专业群是学校教育与产业联系的纽带，加强以零距离对接产业链、职业链、职业岗位群为核心的专业群建设，是高校行业学院教育改革的重要内容，对于进一步促进学校办出特色、提高教育教学质量、提升服务经济社会发展能力具有十分重要的意义。专业群是一种基于职业能力培养的组合式模型，其理论基础是系统论和成组技术理论，它是人才培养的重要支架。

课程体系是专业群建设的具体化，是实现专业群培养目标的载体，是保障和提高教育质量的关键。专业群课程体系根据专业所面向的职业领域，明确各专业之间的依赖关系，在教育理念指引下，基于相关职业领域、产业链、岗位（群）和操作过程，将同一专业课程的各个构成要素按照门类顺序进行组合排列，使各个课程要素在动态过程中统一指向专业培养目标实现的系统，采用"共享平台＋专业模块＋综合实践"的模式进行构建，最后形成公共平台与多个专业（方向彼此联系、相互渗透、共享开放的课程体系。专业群课程体系以实践为导向，以职业领域中产业链上的岗位（群）和工作过程所要求的职业岗位能力为核心，遵循"任务引领、理实一体、做学合一"的教育理念，针对相关职业领域产业链上岗位（群）的操作过程和要求进行设置，以突出工作技能在课程框架中的核心地位。

"共享平台＋专业模块＋综合实践"作为一个开放的动态课程体系，是专业群的最大特色和亮点，体现了专业群内各专业或专业方向课程的整合与集成，进而实现宽基础、多技能、强素质的人才培养效果。同时，为学分制实施、按专业大类招生（专业群招生）奠定了基础，这种全新的专业群开放动态课程体系尊重了学生自主学习的权利，能够适应学生个性化需求，为学生提供多方面选择。

（一）产教深度融合下专业群的要求

1. 满足学生职业生涯发展要求

学生是专业群课程学习的基本群体。因此，在进行专业群"共享平台＋专业模块＋综合实践"课程体系开发时，应确立学生对课程学习的主体地位，服务于学生职业生涯发展，不仅要考虑满足学生的第一次就业需求，更要有利于学生职业迁移能力和职业发展能力的提高，为学生的终身发展打好基础。要以尊重学生个体兴趣为出发点，设计多元化的课程目标，学习内容或单元应有助于学生探究性学习和自主学习，创造学生参与学习活动的条

件，体现学生参与的要求，充分发挥学生的独立性、主动性、创造性，让学生独立完成任务，敢于尝试，勇于创新，充满自信，最终帮助学生真正掌握知识与技能，学会运用知识与技能的方法，升华综合职业素养。

2. 满足企业岗位人才要求

专业群"共享平台＋专业模块＋综合实践"课程体系开发应遵照技能型人才成长规律，对接相关职业领域中产业链上不同岗位的工作流程、技术规范及要求，突出学生职业能力的培养。在课程体系框架构建上，要实现"一专多能"，适应同一职业领域产业链上的多个不同岗位要求。在进行课程设计时，要遵循理念教学为实践技能服务，按照应用性原则整合专业群课程内容，坚持"任务引领""做中学"，真正做到岗位需要哪些知识就传授哪些知识，岗位需要哪些技能就训练哪些技能。要从专业群课程体系的整体架构上确定课程结构关系，把落脚点放在强化学生的专业基础和拓宽学生的专业面上，增强他们的适应能力及职业发展潜力。为了有效实现这种对接，学校应诚邀企业人员参与课程体系的开发，把企业新技术、新工艺、新方法、新知识、新设备、新材料及时带进学校，充实到课程内容教学过程中。课程平台、课程模块和综合实践课程都要突破传统的学科知识系统性、完整性的束缚，使课程整体具有较强的岗位适应性、技能针对性，并与企业人才标准衔接。

3. 满足职业化与差异化要求

根据培养目标的职业岗位发展需要，遵循职业能力形成的规律，构建以技术应用能力形成为中心、以实际项目为载体、以职业文化和职业素质为底蕴的模块化课程体系。同时，建立以服务为宗旨、以就业为导向的课程生成机制，主动响应市场和社会的需求，适应区域经济的转型升级。专业群"共享平台＋专业模块＋综合实践"课程体系结构要依据专业定位，突出专业特色，着力配置区别于同类专业群的专业或专业方向性课程，通过差异化竞争策略获取专业群的快速发展，更好地满足区域经济社会发展对人才的需求。

4. 满足开放性和动态调整要求

专业群"共享平台＋专业模块＋综合实践"课程体系必须是开放的，根据行业企业工作岗位的发展变化及学校课程教材改革的新要求，对课程结构和内容不断进行优化调整，在此基础上做到既注重内存课程存量资源的整合和有效利用，又注意外生性变量和增量课程资源的开发和组合，以期获得课程整体资源的效率最大化和质量最优化，通过课程体系的开放性，不断探求课程生成和课程利用规律。

实践证明，专业群作为一个专业人才培养系统，在专业资源数量、质量不变的前提下，不同的组合形式将导致不同的整体运行效益，专业群内不同课程资源的组合也将形成不同的人才培养质量。专业群为区域经济的特定产业集群提供人才支撑和智力支持，因而专业群内各专业的工种对象是相同的，其典型职业的工作过程是相似的，由此导致课程结构的相似性。构建专业群"共享平台＋专业模块＋综合实践"课程体系，可以统一各专业人才的基本知识与素质标准，增强不同专业课程体系之间的兼容性，同时对课程平台进行适当的模块化和方向化，以适应不同专业、不同方向的人才培养要求。由此可见，专业群"共享平台＋专业模块＋综合实践"课程体系是解决当前专业群建设瓶颈的有效途径。

（二）产教深度融合下专业群的设计原则

专业群"共享平台＋专业模块＋综合实践"课程体系设计必须建立在翔实的市场调研及合作企业深度参与的基础之上，并应遵循从整体到局部、从体系到课程、从课程到资源、从资源到课堂教学、从师资到教学管理，按照"共享平台—专业模块—综合实践"的程式分级设计。

1. 明确能力要求

深入企业实际岗位（群）进行调研，在专业群专家委员会指导下，确定专业群的专业结构、所对应的职业领域、群内各专业的设置及培养目标；对专业所覆盖的职业领域或职业岗位群的工作职责进行分析，以确定岗位（群）所需要的基本能力；对基本能力进一步放大和分解，得到最小的操作单元和单元内所有具体的以完成典型工作任务为中心的职业活动，确定职业所需要的专项能力及操作技能。

2. 构建课程结构体系

"共享平台＋专业模块＋综合实践"课程体系按照专业群的建设要求进行整合，立足专业群所对接产业链的岗位（群）职业技能和岗位适应能力培养，实现课程资源共享的最大化。如今是以知识和运用为重要特征的时代，知识、技术、产品的更新速度越来越快。因此，"共享平台＋专业模块＋综合实践"课程体系必须是开放式课程结构体系，以确保课程的可持续发展。第一，要追踪行业企业的发展变化，形成动态优化的专业群课程开发机制；第二，要将封闭的学校一元化开发模式转变为学校、行业、企业及其他社会力量参与的多元化开发模式；第三，要主动适应行业企业由于新技术、新工艺、新方法、新知识、新设备、新材料的运用所产生的岗位变化，及时调整课程结构与课程内容；第四，要根据行业企业新技术、新工艺、新方法、新知识、新设备、新材料的运用标准，加强双师型教学团队和实践教学基地建设，确保其能够适应新课程实施的要求。

3. 合理设计课程结构

产教深度融合下高校教育的行业学院模式改革的核心是理论与实践有机融合，课程结构设计主要包括职业能力目标设计、课程内容结构设计及职业素养目标设计。

要使课程目标结构化、序列化，使课程真正成为学生职业能力和职业素养建构的阶梯。在设计课程内容结构时应紧紧围绕职业能力形成条件和过程展开，按照能力形成对知识、技能和态度的需要以及能力形成的环节进行组织。课程的内容结构不仅要与职业能力建构一一对应，也要与学生学习的心理结构相关联，同时还要考虑教学过程结构，即遵循学习动机与学习能力形成的发展规律，将相关的知识、技能、态度进行整合，形成能胜任某一具体工作岗位的综合职业能力。课程内容结构设计是课程结构设计中最复杂、最关键的环节。此外，在职业素养目标设计时，要紧贴学生职业态度和习惯，如安全意识、规范意识、环保意识等的培养，职业素养目标的描述要具体，有针对性和可测性。

4. 引导课程教学行为

根据课程特点和目标要求，系统规划好课程教学策略，如学生主体地位的构建策略、任务引领的策略、理论与实践相融合的策略、激励创新策略、职业品质融入专业教学的策略等，确定教学模式，设计教学环境。对课程采用的教学方法、教学手段和教学媒体要提出明确的建议，将"任务引领、理实一体、做学合一"的课改理念落实到教学设计中。要紧贴岗位实际生产过程，改革教学方法，倡导启发式、探究式、讨论式、参与式教学，积极开展项目教学、案例教学、场景教学、模拟教学等不同教学方式的探讨。

与此同时，设计与"任务引领、理实一体、做学合一"的课改理念相匹配的课程考核方式。对课程资源及教学条件提出具体要求，确保教学基础能力能够满足课程实施的要求。要围绕专业群内的核心专业与相关专业，以企业技术应用为重点，建设涵盖课程设计、课程内容、课程实施、课程评价的数字化专业教学资源库。以现代信息技术为支撑，开发虚拟工厂、虚拟车间、虚拟公司等，作为实践教学和技能训练的有效补充，提高教学效益。同时，系统开发课程教学所需的教学项目文体库、题库、企业案例库、教学案例库、课程视频库、课程动画库、课程图片库、课件库、元器件库、仿真实训平台、电子指导书等课程资源。

二、产教深度融合下的专业群共享型教学资源库

教学资源是有效开展课堂教学的前提与基础，在信息化时代的今天，教学资源显得尤其重要。教学资源对提高课堂教学效率与质量的影响力越来越大，是高校行业学院开展专业课教学的基本条件。教学过程中教师是否提供与课程内容相匹配的资源、是否有效地利用这些资源，学生通过对这些资源的学习是否更扎实、更深入地了解和理解所要掌握的知识与技能，已经成为教学评价的重要观察点。

基于对专业群资源的整合性认识，利用信息技术优势，创建优质共享专业教学资源库是专业群资源整合的应有之义。专业群共享型专业教学资源库，是基于云储存或云计算平台实现教学资源整合与共享的一种方式，即将音频、视频、图片、动画、案例、课件、习题、网络信息、仿真软件及虚拟实训室整合到专业群共享资源平台，成为直接为专业教学活动服务并支持教学活动顺利开展的"途径"和"载体"。它充分发挥网络技术对专业课程的支持优势，实现了计算机网络与专业教学资源的有效整合，给学生的学习和教师的教学带来了极大便利。它既反映了教师对教学资源的认识和教学方法手段的提升，也反映了教师对现代信息技术的驾驭能力，体现了教师教育理念以及学生学习方式的变化。

（一）利用专业群整合教学资源的共享平台

依据专业群人才培养目标，整合群内所有教学资源，包括学习指导、演示文稿、教学录像、案例库、试题库、实训与实习资源、常见问题解答、文献资料。教学资源的优化配置应遵循优效、公平及平衡的基本准则。在教学资源的配置中，支持教学活动开展所需要的主客观要素均能成为教学资源的来源，其中教师在教学资源配置中是最具能动性的主体，采用专业群和教师组成的混合型资源配置方式是较为合理的路径选择。教学资源的配置效益与教学品质的提升密切关联。

与实践教学体系建设相同，基于专业群背景下的教学资源建设通过整合，相近专业师生都可以开展共建共享，这种基于专业群的教学资源明显更具稳定性，能够提高使用效率，提高教学资源的使用价值，增强教学资源的生命力。

（二）完善专业群教学资源共享的运行机制

专业群教学资源共建共享的运行机制，是指群内各种教学活动在教学系统的整体架构下，建立教学资源的保障性机制、动力性机制与调节性机制即通过有效的激励手段，使教师持续保持参与专业群教学资源建设的兴趣，不断积累专业群教学资源库的使用方法，充分发挥群内各专业（专业方向）课程教学资源作用和价值形成教学合力，优化教学效果，形成新的、具有良好协同性的教学生态系统，以实现专业群的教学目标，具体做法包括以下四个方面：

第一，制定教学资源库建设标准，确保专业群共建共享无障碍。专业群教学资源库平台的构建主要从教学资源的采集、发布、使用三个层面展开。为此，应制定教学资源库的分类、功能、标准、规范，以及教学资源制作的技术要求和资源质量评价的指标体系，所有教学资源只有达到这些标准与技术要求，通过系统审核后才能上传。同时，应根据专业群的特点，对各种来源的教学资源进行标准化分类整理，便于群内各种教学资源的检索与查询。还要统一资源门户，实现无缝对接，防止教师重复上传资源，通过即时通信、数据开放、应用开放和移动应用平台，向全体师生提供一站式服务，以确保专业群共建共享无障碍。

第二，充分利用教学资源库的功能优势，整合专业群内外各种资源。整合、辐射是教学资源库在功能上的最大优势。社会产业结构的升级换代、行业企业岗位技术与岗位要求的变化、学生学习方式的转变，要求教学资源库的功能和内容不断更新。因此，在资源平台建设和维护过程中，要吸引行业企业专家、技术能手、教育专家深度参与，充分发挥专业带头人和骨干教师的作用，不断整合专业群内外各种资源，及时更新教学资源库的内容，调整和扩充教学资源库的功能，使其更有效地服务于专业群的专业教学活动。

第三，成立教学资源建设团队，建立具有活力的长效激励机制。教学资源库建设属于学校的一项基础性建设工程，不仅需要资金持续投入，更需要建设人员的持续投入，使教学资源库建设方案优化、资料收集、编辑制作、学习指导、信息资源管理等保持长期性和不间断性。因此，必须建立具有一技之长，由行业企业专家、技术能手、教育专家、专业带头人和骨干教师组成的教学资源建设团队，并建立和不断完善教学资源建设激励机制，充分调动参与建设人员的积极性与创造性，保证专业群共享资源平台有效运行。

第四，在体制和机制上落实责任部门，统一规划与协调管理。将教学资源库建设责任落实到教务处，学校科研室进行指导，信息中心提供技术支持。责任部门不仅要做好教学资源库的建设与维护，还要引导教师强化资源意识。在教学设计中充分利用好教学资源库中的资源，在教学过程中开展基于教学资源库的多层次的教学互动，从组织上为教学资源库的运行、更新与发展提供了可靠的保障。

三、产教深度融合背景下高校行业学院专业群的建设途径

产教深度融合下高校行业学院专业群的建设路径主要包含以下四个方面：第一，从学校定位与发展战略出发，确定专业群结构布局；第二，服从服务区域经济转型发展，制订专业群建设规划；第三，创立现代职教人才培养联盟，拓展专业群发展空间；第四，形成"六位一体"动态评价体系，监控专业群建设质量。

（一）明确专业群的结构布局

学校定位与发展战略和专业群结构布局作为高校行业学院专业群建设决策中的重要议题，相互之间具有严密的逻辑关系。学校有怎样的定位就有怎样的发展战略，有怎样的发展战略就有怎样的专业群结构布局。进行专业群结构布局决策时，不但要考虑外部市场的需求变化，而且要明晰学校的定位和发展战略，即把专业群布局与结构优化调整作为体现学校定位、实现学校发展战略的具体途径。

学校的专业群结构布局，就是学校办多少个专业群，这些专业群在校园空间如何安排，以及根据区域经济的发展和行业企业人才的需求变化，不断对已经形成的专业群结构布局进行优化调整。经过长期努力，我国的高校行业学院的专业群建设已经积累了一套比较成熟的经验。与专业结构布局相比，专业群结构布局要求学校决策者有更宽的视野、更长远的发展规划、更大的资源整合魄力、更高效的管理措施、更具深度的校企合作，进行学校专业群结构布局决策时必须建立在充分论证的基础之上。

第一，更宽的视野。专业群结构布局决策时要尽可能扩大自己的视野，注意全面掌握相关信息，进行多角度分析。分析中既要看到学校的发展现实基础，又要看到学校的发展潜力；既要看到学校专业建设的成功之处，又要看到专业建设的问题所在；既要看到外部环境有利的方面，又要看到外部环境的不利因素；既要看到相关行业企业的发展前景，又要看到相关行业企业发展的风险。要以产业群和职业岗位群分析为依据，确立专业群布局及群内专业架构。

第二，更大的资源整合魄力。专业群结构布局必须建立在学校现有资源整合之上，包

括相似相关专业的整合、课程教材的整合、教学组织的整合、教学空间环境的整合、教师资源的整合、教学资源的整合、校企合作的整合等。

第三，更高效的管理措施。从教学管理的角度而言，专业群建设是对传统专业建设管理的一种超越，是对学校传统教学管理的一种挑战。传统的专业建设管理主要由专业部（组）负责，学校教学管理部门负责指导与协调。转入专业群建设以后，专业建设管理更多统筹到专业群层面，管理的层次更高，范围明显扩大，学校教学管理部门负责指导与协调的着力点更集中，责任也更大，这就要求学校必须对原有的一整套教学管理制度进行梳理和调整，进一步强化管理制度的执行力，实现教学管理的高效率。

第四，更具深度的校企合作。建立在专业群基础上的校企合作，是一个专业群对应一个产业群及若干产业集团，由于双方手中集聚了更多的资源，也更容易吸引对方的合作兴趣，合作的广度和深度更容易拓展，双赢的结果更容易实现。

（二）延伸专业群的发展空间

1. 与行业联盟的专业群

与行业联盟具体包括与行业协会联盟及与行业培训机构联盟。首先，与行业协会建立联盟。高校行业学院专业群一般与行业协会相对应，具有很强的针对性，这些行业协会掌握本行业的发展技术与信息，拥有本行业最具实力的企业资源和行业培训资源，是高校行业学院专业群建设与发展可以利用的宝藏。其次，与行业培训机构联盟。这些培训机构专业性强，谙悉所属行业的业态和发展趋势，对相关职业岗位的操作流程与要求了如指掌，是高校行业学院办学联盟理想的合作伙伴。

2. 与学校联盟的专业群

高校行业学院与同行联盟，包括与高等职业院校、基础教育学校、中等职业学校、教育培训机构合作。

第一，随着现代职业教育体系建设的推进，中等职业教育作为现代职业教育体系中基础层和发展重点，与高校行业学院的关系越来越密切，如中本贯通、中高职贯通等，这些合作形式受到社会的高度关注和欢迎。由于现代职业教育体系建设步伐的加快，中等职业学校与高等职业院校合作空间会进一步拓宽，高校行业学院将成为中等职业学校新的最理想的办学联盟。

第二，随着国家对以"职业辅导教育""职业继续教育"和"劳动者终身学习"为主题的职业教育终身一体工作的推进，中等职业学校与基础教育学校、社区教育机构以及中等职业学校与中等职业学校之间的合作也不断深入。例如，发挥学校的专业优势，通过"普职渗透"，承担普通教育的劳技课教学任务，如果专业对口还可以与青少年活动中心合作，承担校外教育项目等。社区教育机构包括开放大学、社区大学、社区学院、社区教育中心和居民学校等，主要为建设学习型社会服务，开展以职业技能、文化素养、现代生活、休闲娱乐等为主要内容的社区教育活动，为区域内居民包括老年人、青少年、失业人员和外来务工人员等社会群体提供多样化的教育培训服务，高校行业学院可以利用自己的专业优势，与教育培训机构展开合作，扩大社会服务功能。

第三，在职业教育终身一体工作推进中，还有一个非常重要的部门，即人力资源与社会保障部门的职业技能鉴定中心。职业技能鉴定中心负责对本市劳动者实施职业技能鉴定和颁发国家职业资格证书。目前大部分高校行业学院都与市、区职业技能鉴定中心开展了良好的合作，设立了职业技能鉴定所。部分资深的专业教师成为职业技能考评员，承担大量的职业技能鉴定及培训任务；部分高校行业学院承担职业技能鉴定项目开发任务，为当地职业技能鉴定做出了重要贡献，同时提升学校在行业的影响力。实践证明，与各级职业技能鉴定中心合作，是高校行业学院拓展专业群发展的有效途径，值得大力推广。

（三）监测专业群的建设质量

高校行业学院专业群的评价指标体系是指由专业群各方面特性及其相互联系的多个指标所构成的，具有内在结构的有机整体。评价体系的实质是一种工具，评价的关键是量表的设计，运用量表对专业群建设进行定期和不定期的监测，从而构成动态评价体系。通过企业、专业评价机构、学校管理部门、教师、学生、家长"六位一体"的评价，对专业群的建设质量进行监控，以确保专业群的持续发展。

第一，形成"六位一体"专业群建设动态评价体系，要做好评价量表的设计。学校层面可以结合学校专业群建设的实际，设计一套科学可行的评价量表。一个好的评价量表既要有较高的信度、效度，也要有适当的难度和较高的区分度。较高的信度即评价的可靠性，进行评价活动应保证对评价指标体系（项目及其赋值）正确理解、没有歧义，并使这些评价经得起实践检验；较高的效度即测量的正确性，如评价专业群内实践教学基地建设，不仅要考查其设备、设施的总值及其先进性，还要考查其对设施的有效使用，即专业通融性、自开率、对学生的开放情况等；适当的难度是指评价项目的难易程度，评价的难度适中，有助于提高评价的信度、效度和区分度；区分度又称鉴别力，是指评价项目对评价对象实际水平的区分程度。评价的直接目的是取得"数量"，评价指标体系（项目及其赋值）如果没有较高的区分度，所测各个专业群的同一项目差异度无从区别，就难以据此做出正确的评价。

第二，评价指标要具体、可测、行为化和可操作。一般而言，评价体系的最低一级指标必须分解到可以计量、可以操作的程度。但是，专业群建设中很多项目很难量化，有些量化的未必能够反映本质，应允许某些指标有主观评定鉴别的余地。例如，对教师教学能力的评价，学历、职称、课题、论文等都容易指认和量化处理，但是学历并不必然地与能力成正比。因此，对教师理论与实践教学能力的高低，应在评价指标上注意凸显课堂教学效果和教育科研创新。

学校管理部门与专业群是利益共同体，评价指标应覆盖权威专业评价机构的评价内容，但要更具针对性和实效性，建议从专业群专业文化新鲜度、专业体系集聚度、专业群课程资源共享度、师资团队水平度、教学实施有效度、专业群专业建设改革创新度、教学条件完备度、校企合作融合度、专业建设成果显著度等维度展开。学校管理部门评价的目的更多是监控、激励和改进。教师、学生、家长作为学校专业群建设的受用方，评价主要是从个体角度，通过他们的感受以"满意""比较满意"和"不满意"发表对专业群建设的意见，为进一步改进专业群建设提供一些参考。需要特别指出的是，专业群的建设发展是为了促进学生和教师的发展。

第三，专业群评价指标必须考虑专业群的特殊性。职业教育作为国家教育体系中的重要部类，主要培养能适应工作变化的知识型、发展型技能人才。教育种类及人才培养目标不同，以及人才观、质量观的不同，形成了培养规格、课程设置、教学过程、质量检验、学生管理等一系列的差异。例如，高校行业学院的专业群特别强调专业设置以就业为导向，因此，专业设置就必须有行业企业背景，校企合作就成了必然的要求，教师队伍中双师型教师必须占相当比例，在教学过程中强调学生对技术技能的掌握，实践性教学应占有重要的地位。高校行业学院人才培养目标的特点应在评价体系中有突出的反映。

此外，兼职教师及兼职教师的管理要求反映了专业群的行业背景、行业专家参与校企融合的程度，因此，必须作为核心评价指标。由于行业企业职业的多样性，高校行业学院的专业群结构及专业内的专业结构比较复杂，即使在学校内部乃至专业群内部也存在较大的差异，学校专业群评价体系指标的可比性及其处理的方式必须有一定的灵活性。设备值及其增量作为专业建设的一个指标是普遍的，但是不同专业群和专业群内不同专业之间的实际要求差异性较大。例如，文秘专业与医学检验专业，对设备值的要求差异较大，应有灵活的处理方式。

第三节　产教深度融合背景下高校行业学院人才培养模式

"校企合作，产教融合"是当前产业经济转型升级对地方高校转型发展的必然要求，也成为产教深度融合背景下高校行业学院人才培养的重要抓手。高校行业学院是深化校企合作模式、强化产教融合应用型人才培养而出现的一种校企合作新思路，是学校与行业、与行业中若干企业合作建设的新机制运行的"二级学院"，旨在为行业培养各类专门人才。行业学院产教融合应用型人才培养模式是行业学院以服务区域产业为宗旨，本着平等的原则通过与地方行业企事业单位签订协议，联合办学，建立以行业学院为载体的合作联盟，依托行业和企业资源，以产教融合为主线，通过建立有效的人才培养互动机制来培养能迅速适应行业与企业需要、将专业知识运用到实际生产工作中去的高素质应用型人才。产教深度融合背景下高校行业学院人才培养以产教融合为主线贯穿于应用型人才培养的全过程，对于深化校企合作、破解高校人才培养中的同质化、提高当前高校行业学院人才培养质量具有重要作用。

一、产教深度融合背景下高校行业学院应用型人才培养模式

"行业学院是校企合作联盟的载体，而这种合作联盟是非常紧密型的联盟，实际上可称之为校企办学共同体，让学校和行业企业共同成为办学的主体，共同投入经费，进行优势互补、资源共享、利益共享和风险分担，实现校企合作协同育人[①]。"同时，在高校行业学院内部构建有利于人才培养的教育支撑系统，在教学与科研、学科专业之间进行资源整合，使之互为支撑、相互渗透。产教深度融合背景下高校行业学院人才培养的实现在于内涵建设，即以产教融合为主线，校企在共建治理机构、人才培养目标、课程建设、师资团队、实践平台、人才评价等核心要素建设方面进行内涵建设。

（一）校企共建治理机构，建立互动机制

产教深度融合背景下高校行业学院人才培养的首要条件是校企之间通过契约合作形成战略联盟。学校在选择合作对象时，要经过认真的考虑和分析，要选择行业内一个或若干个优秀企业或骨干企业，同时合作企业必然是对教育有情怀的，更愿意为人才培养投入办学经费，这是战略联盟成立的首要条件，这样才能建立起利益共享、风险共担的育人机制，保证行业学院产教融合应用型人才培养的长效发展。同时，校企应共建行业学院治理机构，建立互动的机制，确立互动的内容与互动方式，以此加强有效互动和展开全面合作。

（二）校企共商培养方案，聚焦行业需求

产教深度融合背景下高校行业学院人才培养的起点是培养目标和方案的确定。人才培养的核心在于"应用"，而应用来源于社会需求与企业需求。结合高校行业学院的办学定位，人才培养应具有很强的针对性，培养的人才既要区别于一般岗位操作型人才，也要区别于研究型人才。因此，在制定人才培养目标时，应立足区域经济和产业发展，认真分析区域经济和产业发展对行业人才需求，结合自身特点，突出优势，明确定位，校企共同商定人才培养的目标、规格和方案，使培养的人才与业界的需求结合得以实现。

（三）校企共议课程建设，形成理论体系

课程是产教深度融合背景下高校行业学院人才培养的基础，应根据人才培养目标以及所需要知识、能力和素养，密切结合学科发展前沿和经济社会发展需求，认真分析课程体系和内容，以学科专业理论为基础、行业企业应用能力建构课程为核心、人文素养培养课

---

① 潘雅芳.行业学院产教融合应用型人才培养模式内涵建设探索研究 [J].高教学刊，2020（25）：169.

程为呼应，形成理论实践相结合的优质课程体系。在课程体系打造过程中，可以将行业规范及标准、岗位技能标准和企业职业素养作为主要内容，开发具有行业学院鲜明个性的应用性特色课程，改变教学内容与企业项目兼容的难题，整合学习，真学真做。以培养学生具备基本的专业理论知识，掌握行业的实际操作能力和业务能力，以及较高的职业素养。

（四）校企共享实践平台，培养职业能力

产教深度融合背景下高校行业学院人才培养强调职业情境的真实性，通过实践教学来为学生构建真实的职业环境，让学生在"干中学"，使教学过程与工作过程对接起来，使学生毕业即能就业。实践教学平台建设可分为校内实践平台和校外实践平台。依托合作企业和行业龙头企业建设校外实践平台，所有岗位对学生开放，让学生亲身感知行业企业文化以及先进技术。通过行业企业引入优质实践教学资源，共建校内实践教学平台，并提供企业技术资料作为教学的案例，实现校企资源的互惠共享。让学生的知识、技能、态度，通过校内外实践培养，形成职业能力。

（五）校企共建教学团队，合作参与教学

产教深度融合背景下高校行业学院人才培养中起决定性作用的是教师的专业和能力水平，行业学院教师应是"双师双能型"教师，不仅要具备教学研究能力，更应该有在行业实践工作的应用能力和职业指导能力。学校与企业根据各自的优势，遴选出优秀人才组成"双师双能型"教学团队，合作参与教学和课堂资源库建设。

（六）校企共创评价机制，共融校企文化

行业学院的学生既是在校大学生，又是行业企业的准职业人，具有双重身份。在学生管理中，实施校企共管模式。加强育人环节，建立由行业导师、行业专家、专职教师和优秀校友等组建的导师团队，实行全方位育人。校企文化共融是保证行业学院产教融合应用型人才培养持续稳定的必要手段，企业有其独特的企业文化，这些企业文化较好地传达了企业的核心价值观、企业精神和企业制度。学校在日常教学中，注重对学生正确的世界观、人生观和价值观的教育，通过校企文化共融，使学生加深对不同文化和多元社会的认识与理解，对实现人才培养目标具有重大而深远的现实意义。

行业学院应建立校企合作的人才培养考核体系，这是保证人才培养质量的必要条件，因为行业学院培养人才最终要到行业企业就业，所以人才是否符合行业企业需求最终需要企业来进行检验。行业学院的人才培养考核体系，通过动态评估学生的学习态度、学习成绩、合作精神、实践能力和职业发展等，检验培养的人才是否最终与行业企业的需求相匹配。

二、产教深度融合背景下高校行业学院人才培养模式的动因

行业学院产教融合的人才培养模式有多样性和特殊性，但在实践探索中也要认识到，要使这种人才培养模式得到长效发展，还要解决人才培养过程中面临的问题。

（一）调动双方参与积极性

利益是合作主体深化产教融合的本质动因，一旦应用型高校深化产教融合没有为其内外部主体提供足够的利益，或者出现合作利益分配的不合理，就会导致应用型高校产教融合动力不足。行业学院是在校企合作基础上的一个深化和提升，在诉求的方式上，它把学校单项诉求为主转化为双向诉求，从原来的学校意愿强烈而企业较为冷淡转为双方共同的意愿，提高人才培养素质、促进学生有效就业是合作双方共同追求的目标和利益共同点。如何调动双方参与积极性，使双方感到持续受益来解决动力不足问题是当前需要考虑的问题。

（二）促进师资培养持续性

师资培养是产教融合应用型人才培养的关键环节，如果没有培养出足够的有专业和行业能力的教师，应用型人才培养便无从谈起。要培养应用型人才，要有一流的应用型教师。虽然很多行业学院在应用型师资培养上做了很多工作，如引入行业专家来优化教师结构、选送教师到企业挂职锻炼强化教师职业能力等，部分高校教师与"双师双能型"标准还有所差距。主要原因是部分行业学院培养力度不够，投入经费不足以及持续性不够，合作企业未能给教师培养提供合适的平台和项目，学校也未能给年青教师制订非常完善的培训发展计划和出台相应政策扶持帮助教师应用能力的提升。因此，行业学院如何建立教师教学通道、产业通道发展机制，行业企业如何投入更多的资源与平台给教师创造发展空间，加快其"双师双能型"成长速度也是亟待进一步解决的问题。

总而言之，产教深度融合背景下高校行业学院人才培养模式在新时代更符合行业院校的转型和人才培养的成效。办学的资源来自社会，办学的成果更好地服务于社会。加强产教融合人才培养模式建设内涵，使学校培养的人才更符合社会、行业企业的要求，实现教育系统和产业系统的良性互动，实现人才培养的无缝对接，优化办学资源，实现更大的社会综合效益，突显了高校行业学院的办学特色。

三、产教深度融合背景下高校行业学院人才培养模式的实践

通过内涵建设，从人才培养合作机制、培养目标、课程建设、实践平台建设、人才考核体系等进行深入探索，使产教深度融合背景下高校行业学院人才培养落到实处。

（一）构建人才培养的实践合作机制

为进行全方面的产教深度融合背景下高校行业学院人才培养，企业注入了相当的办学经费，主要用于教学资源建设和学生的奖学助教。学校相应出台了系列文件、制度和投入配套建设经费，校企双方共建理事会、管理团队和专业委员会作为行业学院合作联盟的治理机构，理事会由企业董事长和主要高管、学校领导和教务处等机关职能部门处室负责人等参与。理事会民主决策学院发展战略，全面组织、指导、实施合作办学的各项工作，监

督、检查校企合作办学的实施完成情况，协调处理工作中出现的问题。行业学院教学管理运作机构也由校企双方担任，在此基础上，确立行业学院产教融合人才培养的互动机制，各个治理机构按照功能和职责定期开展调研、沟通和交流工作，定期召开理事会、专业委员会和日常沟通会来保障人才培养互动机制的顺畅运作。

（二）明确人才培养目标的需求定位

高校行业学院在设计培养目标、方案和培养体系时，校企合作应充分调研，反复论证和研究。与此同时，在办学过程中，随着区域经济的发展和行业企业的需求，建立培养目标规格和方案的响应机制，使培养的人才能和行业企业及时呼应，提高人才的适应性，使学生通过培养能真正掌握良好的职业道德和意志品质、独立解决处理问题的思维能力、娴熟的操作技能、良好的创新能力和团队合作能力，学生、企业和学校均从中获益，社会教育资源得到充分利用，实现多赢。

（三）完善课程设计和实际应用建设

高校行业学院在课程设置上应根据人才培养目标和规格，以实际应用为导向，以职业需求为目标，以综合素养、应用知识和能力的提高为核心，进行课程体系设计。课程设计的层次主要分为：第一，基础层为学科基础课程和行业通识课程，重视培育学生的专业知识、人文素养和科学素养，基础层的课程设置以"必须、实用、前沿"为原则；第二，核心层，为岗位现场应用性课程，设置"能力构建"模块，其内容是在学科理论基础下，按照岗位基本能力构建整合而成，强化培养学生的策划、服务、营销方面的应用能力和操作技能，作为教学和实践的中心内容；第三，支持层，为企业实践课程，设置企业行业认知性实习、团队建设、跟岗、顶岗实习、毕业设计等；第四，特色层，为行业企业学科前沿讲座、人文素养讲座和任意选修课，主要目的是将行业企业最新的发展前沿动态、实践案例和企业家修养等知识带入课堂，提升学生综合素养、开阔专业视野、提高生活品位。通过机制创新，制定一系列鼓励课程群建设的制度和措施，积极开展课程开发建设。

（四）进行真实的实践教学平台打造

高校行业学院构建"三课堂"校内外实践教学平台，具体包含以下三方面：

第一课堂为校内实践平台。在专业课程内引入行业、企业的项目或需求，将企业真实的工作任务引入课堂，即生产过程与教学过程相融合。设立实战项目，实训内容将与企业的现实需求紧密结合，从企业现实运营项目中提取选题，并通过市场分析、产品策划、营销策划、实战检验等一系列环节，将所学课程内容融会贯通，在实践中培养学生的策划能力、创新研究能力、市场营销能力和文案写作能力以及团队协作能力。在实训中，企业导师给予实际的过程指导和技术支持，并全程参与实训的各个环节。

第二课堂为校内创新创业平台。要求学生普遍参加专业行业竞赛、进行职业资格证书培训和考试等形式的实践活动，强化职业能力。

第三课堂为校外实践平台，通过组织学生到合作企业的认知性实习、跟岗实习、顶岗实习、毕业设计等形式，使学生了解企业的主营业务，融入企业文化，能够将所学课程的基本理论和方法应用到企业经营管理的实践中，学会在实践中发现问题，并运用所学知识提出解决问题的方案；培养自身融入社会、适应职场、提升职业素养和团队协作的能力。

（五）培养以能力为中心的教学团队

高校行业学院应着眼建设一支校企结合的"双师双能型"教学团队。在校内，重视对青年教师的培养，对青年教师采用师徒结对的方式，采用"双导师制"培养，校内教授和企业行家作为导师对青年教师进行"一对一"指导。定期选派教师下行业企业锻炼，锻炼的形式多样，承担企业技术指导或项目指导，或在管理岗位上挂职锻炼，以此提高青年教师的综合素质和综合能力，提高实践教学能力，使之努力成长为"双师双能型"教师。同时，引进行业企业专家，参与课程建设、教材编写、课题研究、实践指导和专业讲座。在行业专家的选择上，也有一定的标准，即必须是行业企业高管或具备研究生学历，形成一支比较稳定的教学团队。校企共同介入专业教学，分工协作，发挥各自优势，共同参与人才培养。

（六）采取融合的行业学院文化建设

在校企文化共融中，校企双方应建立基于文化融合、情感交流的互动沟通机制，加强校园文化与企业文化的交融，形成共同发展愿景，在相互支持与合作中实现共赢。

高校行业学院基于以上人才培养的策略，能够取得一定的成效，提升应用型人才培养质量和人才的适用性，促进学生的行业就业水平，得到行业、企业和学生的充分认可，能够解决原有的校企合作育人中人才行业流失率高与人才培养缺乏成长性问题，提升了合作企业在行业内的知名度，促进行业企业的规范化发展，同时学院也把科研成果反哺教学。

第六章　产教深度融合背景下高校应用型课程创新与实践

第一节　产教深度融合背景下高校应用型课程标准的建设

产教融合的提出，使应用型课程标准有了新的建设。本节主要围绕产教融合概述及其影响因素、应用型人才培养课程标准理论、国外应用型人才培养课程标准经验启示、应用型人才培养课程标准建设内容展开论述。

一、产教深度融合背景下高校应用型课程标准的主体与原则

应用型人才培养课程已经在逐渐开发，理论课程标准也在逐步实践，实践基础主要是明确其开发主体与开发原则，将各项课程标准中的要素囊括其中，主要为课程理念、课程性质以及课程背景和课程的设计思路等，明确课程标准建立的各项实施计划，如课程进度安排、课程组织管理体系建立以及资源建设等。此外，还包括课程的模块化学习以及课程领域和各项目标等，同时也要注重教材的选择以及课程实施，在教学过程中因材施教，完善教学系统，帮助学生完成学业。应用型人才培养课程标准理论的建立也要注重核心主体，其核心主要包括：第一，确定课程实施目标；第二，了解专业课程的基本性质；第三，选择建立专业的教学内容以及教学方针；第四，整体规划课程体系，实施更加合理化；第五，专业课程考核与评估。

针对人才培养课程，从两方面进行分析：第一，内涵方面，课程是课业以及完成课业的进程，学校根据学校教学情况以及专业特性系统组织整体的课程体系，从而发展学生的潜能，激发兴趣，发展能力，从而实现学校教育目标；第二，形式方面，课程可以分为两个方面，广义的课程简单而言包含所有的教学科目以及各项相关教育教学活动和拓展内容，狭义的课程则为一门学科或所学专业的相关学科。

将以上内容与所要研究的应用型人才培养相融合可以了解到课程属于教育教学内容的系统组织。当然这个系统组织中包含着很多要素，如相关课程教育目标、课程体系、课程实施以及评价等。此外，还包括其中所包含的知识体系与能力培养等方面，致力于实现教育教学课程，完成人才培养目标。

可以将应用型人才培养课程分为基础课、专业基础课程和专业核心课程。专业课包含

了专业基础课程与专业核心课程两类，对比基础课程而言，专业课程着重培养学生的专业理论知识与技术能力，是提升学生专业知识体系形成以及技能的重要课程，是学生适应未来职业的关键。

（一）应用型课程标准的主体

应用型人才培养更加注重培养学生的实践能力，因此，在建立应用型课程标准时需要多方参与，将应用型人才培养课程建立得更加完善，适应学生学习需求。可以请专业的教师或者相关实践专家，也可以与相关的企业合作，扩大学生实践活动范围，让整体课程标准更加完善，不仅仅局限于"学生—课堂—老师"这样封闭的教学环境中，只有突破这一点方可最大限度地发挥学生潜能，增加学生的实践能力，完成学校应用型人才培养目标。

第一，专业课程教师。课程标准的编制需要建立在实际教育教学的需求上，相关专业建设也要有确定的教育目标。因此，专业领域的研究与管理等方面需要有更加专业的教师来进行，他们更加了解课程的开发以及学生需求，在建立时更加贴近实际。相关专业的负责人以及专业教师等均可以参与进来，使得整体的标准更加完善，使学生在"学中做，做中学"，提升课程体系的认知与编制效率，加快实施速度。

第二，相关课程专家。课程标准的编制也需要与社会发展脚步相吻合，未来可以适应发展趋势。因此，需要一批对此方面研究较深的专家参与，让专业课程标准建立的同时可以走在我国建设发展的前沿，让走出校门的学生可以学以致用。在课程开发以及标准建立时，可以邀请优秀的学科专家，在保证课程体系科学性的同时，也具有超前性。

第三，相关行业或企业代表。课程的建立便是为社会提供更多应用型人才，因此，课程标准编制的时候还需要考虑是否适用于相关行业或企业的岗位需求。高等教育在建立与改革课程时要"引企入教"，将相关行业需求考虑其中，教学与企业实践相结合，促进学生提升实践能力，培养更多专业人才，可以根据企业实际情况完成学生的教学设计以及实习培训等。与此同时，各行业中的对应专业参与到实际教学课程标准编制中可以更具针对性，根据"用者知，知者做"的原则，使课程标准更具实用性，更好地满足企业岗位对专业人才的需求。

（二）应用型课程标准的原则

1.科学性原则

科学性是建立的课程标准要清晰明确，如相关的课程概念以及原理、课程定义、论证方式等。专业课程内容需要与教学本质与教育目标相贴合，同时要与客观实际相吻合，对应的课程内容中的相关定义以及论点论据等要规范且准确。通常情况下，课程标准的理论基础也必须全面，需要包括社会学、心理学、教育学以及相关专业课程理论等。专业课程标准的编制需要根据相应的理论体系框架来进行，保证所编制的标准可以适应社会发展，完善课程教学体系的基础，更好地适用企业以及社会的用工需求，具有很强的实践指导作用。

2. 时效性原则

时效性是指相对应的课程建立与实施需要有相应的时间把控，充分考虑到课程的各项变化，并可以根据实际情况以及未来发展及时调整教学方向以及目标。经济发展越来越快，高新技术日新月异，高校需要建立一套适应我国发展的应用型人才课程标准。在教学时不仅要考虑到现有的实际情况，也要充分了解未来专业的发展趋势以及发展方向等，及时跟进发展趋势，调整教育教学内容以及课程实施等，确保专业课程培养出的人才可以适应未来的社会发展及需求。

3. 操作性原则

可操作性是后期可以顺利地推行，并可以很好地实施。整体课程教学的操作性可以概括为教学目的、教学内容、教学过程、教学方法等的可操作性。整体教育教学的各个方面均可以更好地实施，课程标准建立方有意义，能够更好地实现预定的课程目标以及教学目标。

课程标准中的可操作性在实施过程中，遇到相关问题可以根据标准有明确的解决方式，是教师在教学实施过程中的组织标准，让教师可以有清晰的脉络去制定课程体系，把握相关知识进度等。例如，教师针对相关专业课程要如何备课、相对应的教育教学方式都有哪些、可以利用的资料以及资源、专业课程考核及后期评价等。

4. 指导性原则

不同年龄、不同文化水平以及生活环境等均会影响一个人对于课程以及教材内容的理解，在建立相关标准时可能会产生一定的偏差，致使前期的标准在后期实施过程中不顺利。因此，为了避免以上情况，在建立课程标准时，各项语言组织描述、相关的构架编制与文本编辑等均要有规范性文件，保证后期标准清晰明了，便于实施后期课程。这样做的目的是保证标准的科学性以及后期专业课程实施的可操作性，也可以参考教师在后期教学过程中遇到的相关瓶颈，对教学实践具有重大意义。

二、产教深度融合背景下高校应用型课程标准的建设路径

在对产教深度融合下高校应用型课程标准设计过程中需要注意以下四方面：第一，选择课程内容的时候需要根据社会岗位的要求设定，课程目标要明确；第二，课程内容组织形式以及模块化需要与实际教学工作相贴合；第三，确定专业课程教学内容以及领域，同时细化各个教学过程，单独教学，并设定相应的教学情境；第四，针对所设定的教学情境，综合知识体系与能力提升，全方面提升学生素质，明确教育教学目标，明确实践操作内容以及各个实训要求等，每个单元或领域的教学均要符合要求等。

（一）确定课程内容

课程内容确定的重要环节包含以下两个方面：

1.选取课程内容

课程内容包含学科中的原理、观点等，也包含问题的处理形式以及方式方法。在选取课程内容时需要遵循已定的课程目标，以实现课程目标为基础。应用型课程培养的内容不同于学术型课程培养，设计与组织形式均存在一定差异。应用型课程培养内容不局限于知识内容的学习，更侧重实际操作性，致力于增强学生的实践能力与创造力，提升学生的综合素质。之所以将学生能力提升作为重点主要是基于社会以及企业的岗位需求，整体课程内容根据对岗位工作以及教学任务进行融合，遵循一定标准，具有可操作性，且符合我国教育发展趋势。

此外，课程内容的选择还需要符合学生学习需求，选取的课程内容既要符合本阶段学生的心理特点，也要符合学生未来发展方向，如注意力、兴趣、目标等，多方面调动学生的学习积极性，在学生可接受的范围内教学，让学生更好地吸收知识，保证课程实施，提升教育教学质量，快速提升课程教学效率。

2.完善课程内容

应用型高校的课程标准有既定的目标，其专业课程在制定过程中需要符合学校教学体系，符合实践教学，立足于岗位需求，实践操作课程较多，更多强调课程内容要符合职位发展，有实际操作性。应用型课程需要将课本中的陈述性知识体系转变为实践性能力提升体系，让理论充分与实训相结合，整个学习过程中均有实践操作的参与。

应用型课程标准可以分为三个层次：第一，了解对应的职业以及岗位需求，学生在对课程开始之前就需要对自己所学专业以及对应行业、岗位等有基本的认识，了解职位需求以及能力要求等，只有这样在学习时目标才可以更加明确，促进后期针对性学习，同时提前规划自己的职业生涯；第二，通过对学校整体课程的学习以及基本职业技能的掌握，将理论知识体系与实践相结合，学习与工作目标相结合，清楚地了解自己所学知识与技能的应用方式以及位置，促进学生学习积极性，增强学生对所学知识的掌握度；第三，整合课程体系使其更加符合应用型人才培养需求，增加对应的实践课程。

完成应用型课程标准需要做到以下三方面：第一，确定应用型人才教学内容，能力培养目标侧重专业人才培养；第二，各项教学内容以及各领域的规划教学均要设立对应的教学情境；第三，工作进程中各项实践内容以及情境化教学等均要循序渐进，选取好对应的课程内容后还需要将各个模块的内容按照对应的学习领域加以确定。其中，各个模块的教学内容均需要设立对应的学习情境辅助教学，细分整体知识体系，便于学生更好地理解，当然各项情境整理出来以后各项名称与形式等均需要确定，便于后期统筹教学，在教育教学进程中教师以及学生可以按照学习模块及框架来安排与学习。

（二）制定教学目标

教学目标是学生完成一阶段的学习后对多学科达到的预定目标，如知识体系学习、能力提升方面、素质培养等，它是整体教育目标下的各个细化目标，也属于最小单元的目标。教学目标的各项制定以及描述形式等均需要遵循对应的课程目标和知识点。知识体系的目标完成程度可以用了解、理解、运用程度来进行描述；能力方面的完成程度可以运用模仿、运用、熟练运用等来进行描述；其他的素质体系目标完成可以用认同、感受、培养等来进行描述。

将课程内容细分则是教学内容，学习过程中每个具体的情境设立以及操作实践均需要有对应的教学内容知识体系作为支撑。通常情况下，想要将各项观点以及理论、定义、意义等表述清楚，需要对要点以及各项案例等进行多次研究分析，根据实际问题以及实际工作来找到具体问题的解决对策，完善各项理论体系，使其更加清晰明了。在各阶段情境教学时，需要将学生素质培养穿插其中，如爱岗敬业、诚实守信、遵纪守法、勇于创新等。

（三）提出实训要求

实训项目属于具体的实践教学内容，其各项能力培养建立在各学习情境的基础之上，将各项理论体系与实践应用相结合，侧重于培养学生的整体实践操作能力以及专业素养。因此，实训项目在整个教育教学中需要明确实践教学目标，单独进行。在具体情境教学学习进程中，实训项目的各项内容安排以及后期实施等需要做到明确项目名称、明确具体的实训内容以及设计形式、明确时间、确定实训地点、确定教师团队、了解对应的考核形式、明确技术培养目标以及能力评价形式。

想要更好地完成教学改革，提升教学质量以及学生学习效率，需要院校在进行情境教学时不断拓展各项教学方法与手段。通常情况下，传统的课堂讲授方式是应用型课程建立的基础，也是其教学方法改革的基石，需要分别讨论教学过程中每个教学情境，针对具体的案例以及教学任务要求等设立更加适用的应用型专业课程，这也是建立在传统课堂教学基础上进行研究的。针对后期课程内容的改革以及教学情境的实施，院校可以采用网络教学、多媒体教学等，同时结合实践操作与现场实训等方式。

（四）课程教学建议

课程教学要以学生为中心，选用的教学方法应调动学生的主观能动性，促进学生学习兴趣，增加积极性，从而提升学生学习效率，整体增强教育教学质量。在课程教学过程中，课程内容需要与情境对应，针对知识体系特性选择方式方法，关于课程教学方法方面的建议包括：第一，侧重于知识体系以及学习内容的教学方法，在实际教育教学过程中有很多以知识传递为主的教学方法，如讲授、演讲、讨论、讲解等，这些均是通过信息传递来完成其目标；第二，引导探究式教学，如探究式、引导式、发现式以及启发式等；第三，侧重技术培养以及实践能力提升的教学方法，通过更为直观的实践展现给学生，让学生对知识了解得更加透彻，便于后期应用，如现场指导、制定项目以及案例讲解等；第四，侧重培养学生整体素质的教学方法，多为学生对于自己与自身所选专业、职业、所处环境、合作伙伴等方面的认同程度的教学，如角色扮演、项目合作、行为能力以及评价等。

课程教学过程中将学生作为重点是基础。因此，在选择教学手段时要以促进学生积极性为着手点，进而提升课程教学质量。教学手段的实施也要与对应的情境教学相对应，不可相互分离。对应的课程教学手段可以选用多媒体课件、网络平台、实训设施以及实际操作等。

第二节　产教深度融合背景下高校应用型课程的规划构建

在国家深化产教融合的导向下，很多高校要实现向应用型转型，迫切需要建设应用型课程。"基于行动体系构建的应用型课程，其核心体现为三个方面的适应：一要适应职业需求，满足地方社会经济文化发展对人才的需求；二要适应学科逻辑，符合教学过程中传授与学习科学知识本身具有的内在逻辑联系；三要适应发展需求，在终身教育的时代，职业教育要满足学习者在未来社会变革中可持续发展的需求[①]。"

一、产教深度融合背景下高校应用型课程的规划思路

高等院校如何深化产教融合，推动关键核心技术突破，是新形势下维护国家安全、推动创新转型发展的新课题，要优先发展教育事业，完善高校行业学院和培训体系，深化产教融合、校企合作。将产教融合作为促进经济社会协调发展的重要举措，融入经济转型升级各环节，贯穿人才开发全过程，形成政府、学校、行业企业、社会协同推进的工作格局。在这样的背景下，高校要实现向应用型转型，落实深化产教融合的战略部署，促进教育链、人才链和产业链、创新链的有机衔接，提高应用型和技术技能型人才培养质量，迫切需要加强应用型课程建设，深化课程改革，以课程转型推动专业转型，以专业转型推动学校整体转型发展。

（一）产教深度融合下内生力的核心

近年来，产教融合已作为热词而被大众熟知，是政府、高校、产业界等各方致力于推进的工作重心之一，深化产教融合，是推动教育优先发展、人才引领发展、产业创新发展的战略性举措。当前，在政府、高校、企业等各方合力推动下，产教融合已初见成效，并不断被赋予新的内涵和使命。

产教深度融合下的内生力是高校转型落地生根的关键，它的核心是应用型课程。产业和教育有着密切的联系，教育要培养高质量应用型和技术技能型人才，离不开产业的参与和产业生产效率的提高，需要教育提供高质量人才，因此，产教融合是必然的选择。产教

---

① 窦红平，邵一江，李本友．产教融合背景下高等职业教育应用型课程建设 []．教育与职业，2019（15）：92．

融合不同于一般的产业融合，它是高校为提高其人才培养质量而与行业企业开展的深度合作，其具体内容包括专业与产业对接、学校与企业对接、课程内容与职业标准对接、教学过程与生产过程对接。

应用型课程是以培养学生适用性和迁移性应用能力为目的，以学科知识为基础，以强化学生实践能力、操作技能和职业素养为重点的教学内容、教学方法及其进程的总和，其应用性既不是专业课学时的简单叠加，也不是实践课学时比例的简单调整，而是需要教材、教学、教师等课程体系各部分的同步推进和系统整合。不能简单地认为应用型课程就是产教融合，但产教融合一定要通过应用型课程来实现。应用型课程目标的确立应以实践为导向，不仅要适应学生个人的发展需要，也要适应社会的发展需要。课程内容应以技术知识为主，培养学生的实践能力，按照工作过程要求重构课程内容的组织方式和排序标准，实现知识和岗位应用的高度融合。课程内容不仅要符合学生未来的职业发展需要，还要符合社会经济的发展需要。课程实施应以实践为主，通过实践活动解决具体的问题，实现学生知识的建构和能力的培养。课程评价既要有以学校管理者、学生、教师为主的内部评价，也要有行业企业产业、校友等参与的外部评价。

（二）产教深度融合下的全方位的课程改革

结合当前产教深度融合的国家政策和导向，人们应重新审视应用型高校课程建设的基本理念。

第一，从系统论的角度审视课程，课程是由共时态与历时态两个维度构成的一个特殊的系统。共时态的课程是一种空间立体结构的课程系统，包括课程研制者、学习者、内容和环境四大要素；历时态的课程是一个时间动态系统，由个体和社会的理论、教育宗旨和目标、教育内容、结构与组织、活动样式和评价等要素构成。因此，应用型课程建设不仅仅局限于内容范畴，也不只是教材的更新，而应是课程系统的重建。

第二，构建开放的大课程观。构建教师与学生、职能部门与教学单位、显性课程与隐性课程等互动与开放的学校内部课程系统，打通学校与社会和行业企业的联通渠道，产教深度融合，开发与利用社会课程资源，丰富课程内容，密切课程与生活、课程与社会、课程与职业、课程与岗位的联系。大课程观下的课程建设是对教育进程的全面、系统的改革。

第三，坚持以学习为本的课程观。开设个性化课程，量身定制个性化课表，为学生的个性发展提供空间，关注学生的认知、态度和情感，设计整体性的学习活动，开发与创新网络化学习环境，充分利用和拓展移动设备的功能，开发移动学习课程，支持学生个性化学习需要。

二、产教深度融合背景下高校应用型课程的规划路径

高等教育为经济社会发展培养了大批高素质技术技能人才，备受社会关注，研究高等教育教学具有重要的理论意义与实践价值。产教融合是教育发展的基本规律与有效路径。

教育发展的关键在于课程建设，而应用型课程主要致力于面向生产、建设、管理和服务一线的高素质技术技能人才培养，是实现高等教育办学宗旨的重要目标。产教深度融合背景下的高校应用型课程的建设路径包含以下方面。

（一）加速产教深度融合

高校应用型课程产生的主要动力是产业发展的实际需求。加速产教深度融合可以有效促进整体教育链、人才链、产业链与创新链的衔接，加快专业性人才培养模式的变革，真正使高校应用型课程建设落到实处，激发起深原动力。落实的重点主要表现在教学标准的调整，及时将新的技术工艺纳入到教学内容中，促进知行合一，促使有效利用企业和院校资源，双方各展所长。学校的教学资源与企业的资本设施相互结合，优势互补，有效促进了集"实践教学、社会培训、企业真实生产和社会技术"为一体，形成了具备相当高水平的教育实训基地，确保高校应用型课程教学有效进行。

（二）促进教师团队合作

教师作为课程建设的主体，应用型课程也在其列，建立一支符合标准的教学团队十分必要。但这支教学团队的建立，对于教师的要求也更加严苛，作为应用型课程，需要教师具备相当丰富的企业实践经验与专业的学科知识。与此同时，由于高校应用型课程的典型特征需要真正运用到实践中，要求教师也应该具备工匠精神与爱岗敬业精神，与实际需求相当的教学科研能力。身为教师良好的责任感与合作意识，以及对自身职业的坚守，亦不可或缺。此外，教师团队整体年龄、知识与职称的构建也要合理。

在推进课程整体建设时，双师型教师团队至关重要。教师作为课程的设计者与实施者，对达成课程目标有着直接的影响。而应用型课程的建设，需要既精通高等教学规律又熟悉企业生产实际的双师型教学团体。双师型队伍的建设需要内外的有机结合。对外采取"外引"，加强人才引进，但同时要符合原则，高校招聘专业教师要求具有三年以上企业工作经历，并具有高校以上学历的人员中公开招聘，除了一些特殊高技能人才可以适当放宽学历要求，其他都要遵循严格标准；对内则要"内培"，与企业结合，将一些专业教师送进企业实践，加快学校自身双师型教师的培养。

（三）丰富选择教学方法

高校应用型课程建设本身就是为了适应社会经济发展，满足企业需求，培养出高素质技术人才。在高校应用型课程教育教学中，学生作为主体，教师作为教学活动的组织者，教师应根据教学目标制定教学内容，选取教学模式，如导师工作过程导向式、任务驱动式、项目引领式、理实一体化等教学模式，与慕课、翻转课堂等现代化的教学手段有机结合，加强与学生的互动，加强实践，使学生能够独立地获取到专业知识，真正具备自主学习能力，从而掌握职业技能，建构起认知体系。

（四）灵活选择教学场所

高校应用型课程的产生，更多的是为了培养出符合企业需求的人才，成为跨越职场与院校的跨界教育，因此，教学场所也可以适当变更。"工作课程任务化，教学任务工作化"成为应用型课程的独特设计。教师可以按照实际教学需求，理论的传授集中在普通教室，实践的进行集中在实验室、实训中心，包括理实一体化教室在内的教学场所；而将企业文化与职业素养作为教学内容时，教学场所则可以设置在车间、厂房、工地等，加强学生体验。进入顶岗实习阶段，学生投身于企业中生活学习。作为国家鼓励的"引校进厂，引厂进校，前店后校"等校企一体化的合作形式，产教融合、协同育人的高校行业学院教育机制，为高校应用型课程的发展提供了多元化的场所。

（五）采取多元教学评价

教学评价是对教师整体教学活动以及学生学习效果的价值判断。课程评价作为教学的重要环节，是对整体课程包括教师教学质量与学生学习效果的判断评估，是推进课程建设的有效监督环节。高校应用型课程使教学评价更加多元化，主要体现在以下四个方面：

首先，评价主体多元化，主体除了教师与学生外，还要涵盖到学校管理人员与合作企业，还有第三方的评价机构等；其次，评价要素多元化，除了教师教学成果与学生学习技能收获外，还涉及职业道德、职业素养以及其他能力等；再次，评价节点多元化，不再局限于期中期末两个节点的测评，还包括了教师教学过程的评价等；最后，评价方式多元化，方式更加多样，除去书面与口头形式外，还涵盖了活动形式，课堂观察与课后访谈等。通过多主体，构建多要素、多节点、多方式的评价体系，使高校应用型课程教学评价更加客观公正。

学校将应用课程的教学评价纳入院校整个评价体系中，通过将学生整体能力和就业质量与产教融合，校企合作水平作为核心，使整个教学评价机制更加完善，促使学校、企业研究机构与其他社会组织等共同参与到评价中。对高校应用型课程的课程标准、教学教材和实验设备，课程实施过程以及课程实施结果等，进行更加客观公正的评价。

高校应用型课程已经逐渐成为高等教育改革的核心内容，成为产教深度融合实施的落脚点，应用型课程的发展对高等教育发展起着重要作用，对于高校教学水平的提升与专业型人才培养起着至关重要的作用。

三、产教深度融合背景下高校应用型课程的规划实践

高校行业学院是我国产教深度融合过程中各组织形式调整的实施载体，其产生也是基于产教深度融合的需求，这一载体完成了我国普通院校向技术性院校的转变。高校行业学院侧重于行业需求，对于行业的产业链以及产品、技术、服务等方面具有显著作用，可以更好地为行业发展服务。行业服务想要真正发挥作用需要符合行业的需求，高校行业学院

便是其中的载体。高校行业学院在教育教学时可以根据整体行业的职业岗位需求、技术要求以及管理机制等，与学校的课程相结合，增强学生实践能力的同时加快应用型课程体系的实施。

（一）高校应用型课程建设的环节

1. 改革应用型课程内容

高校应用型课程建设的核心是改革课程内容，应用型课程建设是对于原有学科型课程的整体改革。课程内容的改革主要涉及以下三方面：第一，课程内容和对应的职业标准之间的对接；第二，整体课程内容的设计和体系整合；第三，教材的选择以及其他对应的教学资料、教学设备的建设。将课程内容的改革作为整体应用型课程建设的重点，主要是因为学院对于企业内部运行的知识提炼和各项实施需要通过内容来进行，如企业的生产链、产品和技术、服务体系等。

了解结构及企业需求是高校应用型课堂中课程内容的主要来源，后期通过提炼各项知识体系，不断完善应用型课程内容教学，整体内容根据实际需求进行重组形成所学课程内容。结构了解、知识体系的提炼以及内容的重新组合等，这个过程是保证应用型课程后期可以实施的基础，在整个过程中课程内容需要与职业岗位标准和需求相对应，同时与各职业的技术要求以及工作内容相吻合，将整体的课程模块以及教材资源等不断完善，提升课程教学效率。

2. 打造双师型师资团队

高校应用型课程建设的关键是双师型师资团队的打造。对于应用型建设而言，想要更加完善，后期更好地实施，离不开优秀的师资队伍，因此，应用型课程建设第一步便是打造专业的师资队伍。优秀的教学团队对应用型课程十分重要，首先，应用型课程在教育教学时，如果双师型教师占比较高，则可以在学生知识体系以及行业背景和专业技能等方面提升学生的认知以及实践能力，让学生在走出校园进入社会后可以很好地运用应用型课堂所学知识；其次，优秀的教学团队其内部的责任划分更加清晰明了，有利于教师之间相互合作，是后期应用型课程建设的坚实后盾；最后，运用教师团队来教育教学，教师之间可以资源共享，沟通起来更加方便，可以及时了解课程体系情况，各项工作之间可以相互碰撞，了解行业需求，便于确立教学方向，同时不断完善实用性课程体系，提高教学效率。

3. 改善实践教学条件

高校应用型课程建设的基石是实践教学条件的改善。实践教学可以让学生在学习过程中更好地理解书本上的理论知识，同时可以提升学生的实际操作能力，便于培养应用型人才。高校应用型课程的建设不同于原有的课程体系，它更多的是着重于提升专业的培养以及实践操作能力，因此高校需要提升自身的实践教学条件，其中实践教学条件包括校内、校外两个方面。

在高校应用型课程建设时，需要有对应的专业建设规划以及各项实践教学所需的设施和资源等，这样能够满足实用性课堂的整体教学需求，不断地培养学生实践思维，通过实际操作增加学习兴趣，增加动手操作能力以及创新能力。通过校企之间的合作可以充分发挥实践教学作用，增强实用性人才培养。因此，学校应寻找对应可长期合作的企业，利用其资源建立对应的实训基地，建立实际工作场景，让学生可以提前了解职业需求以及岗位工作，这是实用性课程建设的重点。

（二）高校应用型课程建设的策略

1. 完善应用型课程体系设置

对于我国专业人才培养方案而言，高校应用型课程的建立有非常重要的作用，整体的课程建设是否完备以及后期实施情况如何，也均受人才培养方案的影响。因此，在制定人才培养方案时，需要学校和企业共同参与，通过知识体系以及实际需求建立相应的课程体系。在此基础上，想要将应用型课程建立得更好，需要从以下两个方面进行：

（1）中观层面。人才的培养需要以行业职业标准为基础，企业需要怎样的人才、需要怎样的素质以及技术能力，就需要建立怎样的教学体系，高效率地实现学校专业教学课程与职业标准的对接。效率是整体教学内容在对应的课时完成教学任务的比率，是在对应的教学课堂完成教学内容的比率，这个比率建立在整体内容按计划实施的基础上，通过以上内容可以看到教学目标的完成情况，以及整体内容提升学生应用技能的情况。想要提升有效性，需要应用型课程在建设时与职业标准相融合。建立初始，需要针对知识体系来解读职业标准，将职业标准中的相关内容与教育教学课程相结合，在应用型课程中为学生建立相应的实际操作情境，让课程知识体系与实践操作相结合，使教育教学更具针对性与时效性，加快应用型课程体系建设。

（2）微观层面。充分利用行业学院平台，提炼专业培养的重点以及核心等，形成一定的体系，了解企业的生产、产品、技术以及服务等，将教育教学理论与所提炼组合的核心技能相结合，形成更加完善的高校应用型课程知识技能体系。后期可以在职业标准的指导下，根据企业的实际情况以及用工需求等对课程进行整合，将学生岗位实践列为重点，增强专业课程与企业、行业以及岗位之间的联系。

想要展现更好的课程教学效果，则需要选择合适的教材来教学，这对于教学质量非常重要。高校应用型课程教材的选择也需要专业教师与企业专家相合作，参考对应的职业标准，结合学校课程要求将学生专业能力培养列为教育教学目标。针对此情况将学校的教材知识体系与职业需求与技能要求相融合，提升应用型人才培养质量。教材选择除了对应的专业知识与职业需求外，也需要建立对应的素质培养体系，系统地培养学生团队合作以及遵纪守法、爱岗敬业等方面。

2. 构建校企融合型教学团队

建立应用型课程是行业学院必须要做的任务，对比学科型课程，应用型课程对于教师的知识体系、专业技能等方面的要求更加多元化，教师除了需要深刻了解相关知识体系外，对应的行业阅历以及前瞻性、实践技能等各个方面均需要有研究。在进行应用型课程教学的时候，需要学校与相关企业合作，利用双师型教学团队完成整体教学任务，完成实用性人才教育目标。因此，对于应用型课程建设而言，打造一支优秀的双师型教学团队至关重要，具体包含以下三个方面：

第一，教师团队建设时需要有对应的分工以及科学性的任务，通过校企合作了解整体的企业及行业需求，完善课程知识构架，确定团队成员，更好地完成应用型课程教学目标；第二，在选择团队成员时，无论是院校教师还是企业教师等，均需要选择相关知识丰富且行业经验丰富的教师，优秀教师与专家等占比要高，才能够在实际教学实施过程中培养更多专业人才；第三，整体团队工作期间要增强专兼职教师的积极性，通过各教师之间的相互沟通交流与资源共享，实现优势互补，大幅增强双师型教学效率，全方面提升学生的实践技能。

3. 提升实践教学研究的条件

高校行业学院的主要功能是高效地完成产学研究，达成合作。企业可以利用高校的相关技能研究优化企业技术，为学生提供更多实践操作以及研究基地。行业学院在实践教学时可以将产学研基地作为基础，不断扩大教学实践内容，完善整体专业教学体系。行业学院在完善整体实践教学以及应用型人才培养时，需要不断创新、研究，满足企业技术需求。充分发挥产学研基地的作用，校企之间进行合作可以有效整合学校以及企业的各项资源，通过合理运用对应资源，可以快速增进两者之间的发展，在校企实训基地协调运转，通过相互合作达到互利共赢。高校行业学院需要在产学研基地整合整体构架了解整体行业特征，开展对应的研究工作，提升校企合作。与此同时，使高校应用型课程与实践技能更具针对性。在产学研过程中加入实践教学，可以更加快捷地完成项目任务，提升学生实践操作技能，提升应用型人才培养质量，提升教育教学质量，为企业以及社会输入更多技能型人才。

第三节　产教深度融合背景下高校应用型课程体系的创新

一、高校应用型课程体系创新的理念与原则

（一）高校应用型课程体系的创新理念

理念在高校应用型课程体系的创新中起着支撑作用，这里的理念可以从两个角度来理

解：第一，想法和看法，是思维活动的最终成果；第二，观念和理论，常常指思想。理念在理论中是核心、基础的存在，也是精华，是应用型课程体系创新的本质。课程理念指导着如何进行课程体系创新，是课程体系创新的前提和基础。高校应用型课程和传统院校课程截然不同，中心目标是为社会经济发展培养所需要的高级专门人才，以应用科技的研发为主，最主要的特点是着重培养学生的实践能力和应用水平。

此外，国家开始实行普通高等院校向着应用型院校转型，许多高校也自此开始转型，紧随国家试点工作脚步，因地制宜，将自身定位为应用型院校，以"人民满意"和"特色优势明显"为特征，旨在发展成为适应社会经济发展的应用型高校。从课程体系上，将"知行并重，致用为本"作为发展的口号，以"需求导向，服务地方"为原则，在应用型高校中创新构建课程体系。高校应将课程体系不断除旧布新，以表现应用型课程体系的人才培育理念为指导。通过收集学校各种会议记录、在学生中进行问卷调查、研读学校相关政策、与教务处教师以及相关课程教师谈话等，以实际调研成果为前提，摸索在创新建设应用型课程体系的过程中所蕴藏的理念。

1. 学以致用

第一，应确定学以致用的应用型课程的创新理念。强调培养学生实践能力，应用型课程体系建设的重点在于"应用"，实践课程是课程设置的关键。实践课程的培养目标就是让学生具有实践应用能力，将理论知识应用到实践中，通过多次实践操作有效积累经验，提升自身能力。应用型课程体系设置过程中，实践课程占比较大，能够充分发挥学生的主观能动性。

第二，应用型课程体系创新还将注意力放在校企合作上，通过学生进入企业实习的方式，有效利用企业资源，增加学生实践操作的机会，实现知识和能力的同步提升，达到"知行合一"的效果。"学"从"做"开始，"学"是"做"的获得，"学""做"相辅相成、互为因果。因此，进行应用型课程体系的创新构建时，有些是先做后学，利用情境教学；有些是先学后做，学习知识应用课程；也有些是边学边做的见习体验等。学生在学习过程中一定要"躬行"，做到学做合一、知行合一、致用为本。与此同时，强化教育与社会、生活的联系，关注学生兴趣、自身需求、社会需要以及积累经验的需要，通过采用学以致用的教育方式，加强社会教学的独特意义。

在进行应用课程体系创新过程中，不仅要强调课程内容取材于生活经验，还要注重知识发展和继承的重要性。学校强调实践教学，强化应用性，倡导通过校企合作的方式让学生有机会到企业实习，在实际操作中掌握知识。应用型课程体系创新全程要贯彻学以致用的指导理念，既能加强学生对知识的掌握程度，还能通过实习参与企业工作中为社会经济发展贡献力量，推动区域经济进步。

2. 以能力为导向

应用型课程体系创新的重要理念是以能力为导向。在能力本位论观点中，目标就是培养学生的职业能力，是学生必须拥有的技能，才能依此从事某个社会职位，根据学生以后工作岗位所需的能力来决定如何培养学生，包括学生需要掌握的理论知识和对应的实践能力。在进入工作后，这一能力也能继续提升。因此，在进行应用型课程体系创新过程中，既要强调实践课程在课程体系中的占比，也要从课程内容结构上关注其实践性。从内容结构上而言，应强调职业能力的训练、内化和发展。

第一，应用型课程体系的创新应经过实际调研和考察后再建立，既考虑到职业岗位的需要，也考虑到学生的日后发展。应用型课程体系的创新，是经济社会中工作岗位需求的现实体现，也能照顾到学生的日后发展，兼顾个人利益与社会利益。在教学中将工作流程与课程知识有机统一，能够满足学生工作的技能需求，尊重理论逻辑，让学生的使用技能与理论知识有效结合。

第二，应用型课程体系创新中的能力导向应考虑学生怎样将知识完美转化为能力。培养学生能力一定是个长期的过程，学生要经过一系列外部训练努力积累经验的过程。当经验积累到一定程度，就由量变到质变，学生的能力就会有所提升。培养学生的实践能力是非常重要的，因此需要设计较多的实践课程，花费较多的资金采购实验设备，给学生提供动手实操的机会。应用型课程的创新应包括大学四年的课程设置，设置这些课程的目的在于把理论知识应用到实际工作，以能力为导向，大幅度提升学生应用能力。

第三，应用型课程体系创新应多开设通识课程，例如大学英语、计算机应用、思想政治、职业生涯规划和就业指导等课程，这些课程是可持续发展理念的具体体现。通过这些课程所培养的通识能力，能够帮助学生适应工作中的各种岗位，有助于学生在专业上实现长远发展。这些课程的设置不仅能培养社会能力，也能培养专业能力，以能力为导向的课程体系，符合当下经济社会发展的潮流。

3. 实行任务驱动

高校应用型课程体系创新理念是面向服务、管理以及生产一线，培养兼具实践能力和创新精神的综合应用型人才，学校应依据工作岗位的现实需求安排主要课程。应用型课程体系创新中的课程目标是以工作岗位对人才需求的应用能力和具体知识为依据。课程设置将以后的工作岗位任务，分解为一个个小的教学任务，依次完成每个小的教学任务后，学生就具备了从事工作岗位的应用技能。

在专业课程的设置过程中，在理论上让学生掌握所需技能牵扯的理论知识；在实践课上通过教师的指导下实操，将理论和实践有机结合。学校通过组织学生进入企业实习，让学生在实际的工作岗位上不断地提升自己的技能。这种课程结构能够巧妙地分解工作中的各项技能，落实在各种课程中，让学生通过各种应用型课程逐步具备完善的专业基础和专业技能。按照任务的课程理念合理安排、统筹协调的这些应用型课程，一方面能提高学生的学习兴致，深化对每个任务的熟练程度；另一方面能提升学生解决问题的能力和应用实践能力，为学生以后适应工作打下坚实的基础和前提。强化实践应用的课程涵盖许多的要素，其中课程的重点要素就是知识，知识观对课程观念起着直接作用。

在课程体系创新中强化培养、提升应用能力，是高校行业学院的一大特色，教育学生如何将理论知识应用到实践中，进而提升应用水平。设计有实验课程、见习课程以及校企合作的实习课程等，这些课程不仅起着加工和传授知识的作用，还是对于知识掌握程度的检测和提升实际应用能力的重要途径。

通过这些课程，学生能获得知识、理解知识、掌握知识和应用知识，实现从理论到解决问题能力的转换，既有助于学生建立完备的知识体系，还有助于提升学生应用水平。应用型课程内容的创新有助于学生通过实操将理论知识融会贯通，产生新的体会。

（二）高校应用型课程体系的创新原则

1. 以学生为本

教育的根本属性就是培养学生，实用理论主义与建构主义理论均倡导"课程以学生为中心，课程以学生为本"。高校应用型课程体系创新的主要目标就是专注于培养学生应用能力和实践能力，让学生在工作后能熟练地将学校中的理论知识应用到工作中，尽早、尽快、尽好地满足工作需要，融入社会。学生是课程实施的主体对象，也是课程评价的重要依据。只有学生参与课程的程度与水平才是课程体系质量的衡量标准。因此，在应用型课程体系的创新过程中应坚持以学生为本，强调培养学生的实际应用能力。课程既从学生现实情况出发，也从社会需要出发考虑，将重点放在对学生实际应用能力的培养上，关注学生的长远发展。

在应用型课程体系创新的每个环节，应包括课程目标、课程设置和课程评价等，强调学生自身需要和发展变化。教学采取情境式教学，通过引导让学生进行探究式学习、小组式学习。课程目标的设置应从易到难，培养学生的多种核心能力，顺应学生发展变化规律和对实际能力的需要。强化理论、实践和技术间的关系在实践教学中很重要，考虑学生整体对知识的掌握情况，照顾到每个学生对知识和技能的熟练程度，坚持以学生为本的原则。此外，强化提升综合能力，强调学生的全面发展，学生可以按照自身兴趣所在和个性发展需求自行抉择，提高学生的学习动力。课程的设置说明教育依靠学生、面向学生和为了学生，应用型课程体系的创新过程中应坚持学生为本的原则。

2. 以需求为导向

应用型课程体系的创新应坚持以需求为导向的原则，做到服务地方。高校应用型课程体系的培养目标是能直接满足工作需要和融入社会的高级应用人才，应符合社会发展需要，顺应技术推陈出新的时代潮流，随之更新自身掌握的技术与信息。高校应用型课程体系的创新离不开社会发展，课程体系的选择和内容设置都坚持以需求为导向原则，基于社会中的多种影响因素，顺应经济、政治、文化和科技等影响因素的发展变化趋势，更新技术和信息，才能保障课程体系的活力和生命。高校应用型课程体系的发展旨在为区域经济的发展贡献力量，不仅要满足自身需要，还要将区域经济发展纳入考虑。学校在课程体系创新过程中，坚持开放创新原则，顺应时势，掌握人才需求变化，适时更新技术手段和课程知识。

应用型课程体系的创新过程中，开放不仅体现在技术与知识上，还体现在各类课程的设置上。通过必修课、选修课、实践课和通识课等的相互配合、互相交融，各类课程要互相参照，相辅相成，才能优化总体。应用型课程体系创新中最主要的就是实践课所占比例较高，这些课程更能体现以需求为导向原则。多数的实践课都通过校企合作的方式实现，让学生到企业实习见习，从工作岗位中积累经验，接触最新的专业理论和技能。这既能为企业提供很多的劳动力，还有助于学生提升应用水平、加强自身能力。从学生实习见习中获得的反馈，能帮助学校及时更新课程内容、完善课程体系，实现多方获益、多方发展的效果。

3. 整体优化

在设置应用型课程体系创新的过程中，主要关注对课程目标的定位、课程资源的使用和课程内容的选择，同时以整体优化为原则，合理安排，各自发挥所长，放大整体功能，实现总体统筹的最优化，实现结构、规模、效益和质量的有机统一。高校应用型课程体系创新的人才培养规模与目标，可以从课程体系目标中体现出来，课程体系以如何培养应用型人才为中心进行设置，是课程目标、课程内容和课程评价的具体体现。

应用型课程体系目标是以人才培养目标作为参照的。为了达到整体优化的实际成效，在分解和细化课程体系目标的过程中，每门课程的目标和课程内容都以高校人才培养目标为前提。课程目标是通过课程的学习所要实现的目的，课程内容是课程教学中的全部知识，课程内容的服务对象是课程目标，也是实现高校人才培养目标的重要途径，课程内容的选择关系到课程体系设置的合理性。因此，应用型院校在选择课程内容时要紧贴高校人才培养目标，坚持整体优化原则，才能实现二者目标的统一协调。应用型课程体系的创新在选择课程内容的过程中，一方面强调其基础性；另一方面也要具备相对稳定性，才能为学生以后的工作奠定基础。

为社会培养专业的高级应用型人才是应用型课程体系创新的培养目标，强调培养学生的实际应用能力。与此同时，要优化课程结构，这是课程内容的逻辑保障，在整体课程体系中具有意义。课程结构要强调多个因素之间的相互影响和自身的内在联系，使分解细化的课程都遵循整体优化。因此，在应用型课程体系创新过程中，从结构、规模、效益和质量多方面实现有机统一来进行整体优化。课程设置不仅强调知识的综合性与先进性，还关注知识的成功组合和更新换代，这样的课程体系才能提升学生在应用和创新方面的能力与水平，为社会提供更多更优质的应用型人才。

二、高校应用型课程体系创新的具体内容

（一）高校应用型课程体系的结构创新

产教深度融合背景下应用型课程体系的结构创新，能够带来根本性的创新和改变，作为学校的根本，课程结构的合理安排和开设对学校发展也有着十分重要的作用。在当今教育中，对于不同类型的教育院校，课程结构的设置也大不相同，调整课程结构需要将大量的理论课转变为理论课和实践课的结合，重新调整课程分布。

第一，应用型课程体系的结构创新将公共基础课和专业基础课划分到了理论课的范畴，对学生的技能培训，旨在培养学生将技术应用能力运用到社会实践和企业实习当中，理论科目的实习指导也是属于理论科目的实践科目。大部分的实验都是验证性实验，应用和创新的实验都是在实践的过程中形成的。

第二，应用型课程体系的创新关注的是课程开发和实践的比率，在课程设置中，重新安排课程时长分布，加大实践课的时间投入，调整理论教育时间，进行实习教学，有助于充分培养学生们实际动手能力和应用能力，反映应用型课程创新的应用功能。在改变理论与实践课程的分配的同时，要注意理论与实践课程的融合，两者要相互促进、相互依存。由于理论教学的内容与实践教学的要求是不分离的，因此，实践教学的内容在理论教学的具体应用是对理论课程的创新。

第三，在注重学生专业培养的基础上，不能忽视学生综合能力的培养，各个专业都开设通识课程，通识课程在总体课程实施中也都应占有一定的比重，兼顾学生全面发展，注重学生应用能力培养，同时兼顾通识知识的传授。

此外，开设一定数量的选修课，增强课程的灵活性以及丰富课程的内容，充分体现培养人才的灵活多样性。

（二）高校应用型课程体系的内容创新

应用型课程体系内容创新，不仅基于特定的基础，还需要遵守学生身体和精神发展的规律，关注学生实用技术和创新技术的培养。核心课程是实践过程，实践过程是基于技术理论的具体化，将理论课程中所了解学习到的知识实地运用到实践当中。课程内容多种多样，是学生能够理解和接触社会的主要途径。通过广泛的研究和深入实地的考察，在原有课程的基础上，对课程内容进行改革和创新，结合本地经济和社会发展的需求，开设与之相关的特色专业实践课程。重视培养学生的创新创业能力，加强学生的应用能力和就业能力，特别开设创新创业课程，在兼顾学生专业课理论课的学习的同时，也辅助培养学生实践能力。创新创业的课程是对于专业课的补充学习，也是将专业课的理论知识与实践相结合的过程。

应用型课程体系的内容创新的重点在于社会需求，课程的设置是根据社会的需求来决

定的。高校行业学院的培养目标是就业，课程设置的重点就是培养学生的创新创业能力。在所开设的专业中，分别设立与专业知识相关的、同学生能力发展相适应的专业特色课程。课程内容的设置不仅仅要考虑到专业的特色，还要考虑到学生的自身发展，学生是学习的主体，学生对于课程内容的接受程度与学生今后在社会工作中的发展情况息息相关。在课程内容的选择过程中，要与学生自身的发展水平相结合，教育需要从大局出发，全面设置。课程内容的设置不应过难，过难的课程可能会使学生遭受到信心的打击；也不应过于简单，过于简单的课程设置失去了教育意义，对学生的能力提高作用甚微。

除此之外，课程内容的设置应该充分考虑到学生在步入工作岗位后的能力发展情况。学校对于学生的培养应是可持续的，对于知识面的涉猎要尽可能更广，应培养学生的独立学习能力，在学生脱离学校的教学系统后，也能够独立学习。

三、产教深度融合背景下高校应用型课程体系的创新管理

（一）落实国家政策方针

高校应用型课程体系的创新是落实国家政策方针，形成对课程体系改革创新的共识。国家政策对应用型课程体系的创新起到了关键作用，应用型学校课程体系的创新发展离不开社会的发展，而国家政策引领社会发展潮流，国家政策的支持促进了应用型课程体系的创新，应用型课程体系的发展离不开国家政策的引导。学习和落实国家政策方针形成对应用型课程体系创新的共识，有利于促进应用型课程体系的创新。

随着社会市场经济的发展，应用型人才的需求量越来越大，国家也越来越重视应用型人才培养。应用型课程体系的创新方向始终离不开社会需求，学校和企业沟通与讨论形成应用型课程体系的创新。学校内部的组织与管理制度也应进行改革，从各个方面培养学生的实际动手与创新应用能力，目的是加强学生的综合创新能力。应用型课程体系的创新需要以理念和原则为基础，高校行业学院的近期发展为课程体系的创新发展，此过程应该拥有独特的创新理念和原则，应对长远发展也要有一定规划。

国家相当重视产教深度融合背景下的应用型课程体系创新，在院校发展的很多方面进行扶持，尤其是在应用型课程体系的创新方面。因此，应用型课程体系的发展前景很好，学校的相关部门也经常召开讲座、会议用来学习国家的政策方针，目的是为了更好地完善课程体系，推动学校的工作发展。

（二）创新学校内部制度

应用型课程体系创新的主要措施是，加强课程体系的组织和引领，根据"三个理念"和"三个原则"，联系学校自身体系与学校所在地的社会需求和经济发展，以学校内部情况为基础，根据国家政策方针制定出具体的规章制度，再由学校其他部门实际操作。学校在创新内部制度时，应出台一系列文件用来指导转型工作的顺利进行。教学与课程体系缺

一不可，应注重学校应用型课程体系的创新。

第一，改革人才培养方案。在确定为转型高校后，应出台《专业人才培养方案的原则意见》，制订符合应用型人才培养及发展的专业人才培养方案，在执行的基础之上，制订下一年的人才培养方案。

第二，深化教育教学，改革适应转型发展的需要，培养应用技术人才，下发《课程建设指导意见》，全面实施以课程教学模式改革为重点的课程建设工作。应经过立项后，再批准校级课程教学模式改革课程的立项建设。改革的重点主要是教学内容、教学方法和考核方法的改革，要求转型试点专业的专业主干课全部进行课程教学模式改革。

第三，为进一步适应学校转型发展需要，建设应用技术型大学，培养应用技术型人才，提高学生的人文素养、科学素养、创新意识和实践能力。确保学校的第二课堂管理工作科学化和规范化，纳入专业人才培养方案进行管理，第二课堂学分应包括：创新与技能教育学分和素质拓展学分。其中，创新与技能教育学分按照《创新与技能教育学分管理办法》和各学院制定的《专业创新与技能教育学分实施细则》要求，予以执行；素质拓展学分按照校学工部制定的《学生素质拓展教育学分管理办法》和各学院制定的《素质拓展学分实施细则》要求予以执行。

第四，省级、校级创新创业教育试点所建立的培养方案要区别于以往的课程体系，在人才培养的过程中始终要保证创新创业教育的存在，为此学校应单独设立模块。其他有能力的专业，也可以设立其他创新创业课程体系的培养方案，创新创业基础训练课程设置必修课。这些政策能够使应用型课程体系逐渐完善，促进应用型课程体系的创新。

第四节　产教深度融合背景下高校应用型课程的实践研究

一、高校应用型课程的实践策略及其实现途径研究

随着社会发展与科学技术的进步，产业升级与转型中的科技含量越来越高，对人才的需求与要求也在不断提高。产业升级发展需要的不仅是高技术人才，同样也对人才的综合素养有了新要求，既要拥有专业知识，也要具备通用知识，面对工作压力能够自我缓解，也能够在关键时刻用自己的专业与能力挑起大梁。人才的培养离不开学校，高素质的应用型、专业型的复合人才是当前高校人才培养的目标，尤其是在当前产教融合的背景下，高校行业学院是当前大部分院校改革的方向。教育为经济服务，经济为教育发展提供支持，二者相辅相成。

（一）高校应用型课程的实践策略

产教深度融合下的应用型院校转型既是学校的选择，也是社会发展的趋势，高精尖技术人才的培养离不开高校的教育教学。应用型课程强化产教融合的工作主要有以下四方面。

1. 采取校企合作育人培养机制

将学校教学与企业发展紧密结合，加深学校产教融合的深度。产教融合是学校教学更加接地气的重要方式，也是学生更进一步接触自己的职业生涯与积累社会经验的重要方式。产教融合是双向的、全方位、全过程的工作过程，因此，产教深度融合是产业与教育、企业与学校双主体的工作流程，是合作育人培养机制。

2. 形成产业人才闭环合作机制

产教深度融合背景下的校企合作育人机制，构建以人才需求为导向的"教学—科研—产业"闭环合作机制，实现教科研与产业产出的合理交互与输出。校企合作育人培养机制是产教融合背景下学校与企业的科学选择，发挥学校在人才培养、文化传承、知识传递中的外输作用，发挥企业在技术创新、产业升级、人才需求中的内引作用，二者相辅相成，共同培养应用型复合人才。企业的发展经验是高校行业学院与学生所需要的，学校系统化的教育、培训体系是企业所向往的，二者结合形成人才培养的闭环，充分发挥企业行业资源与学校教育资源的优势互补作用，为社会发展、经济转型、产业升级培养优秀的复合型人才。

3. 构建校企深度交流长效机制

产教深度融合最直观的表现是校企合作的进一步加深，校企合作进一步加深就需要双方建立起深度长效交流机制。校企间的深度长效交流机制，能够为学校提供最新的行业、产业发展动态，为学校的教学提供目标指引；能够向企业及时反馈高校教学的课程与内容是否与行业、产业的发展相匹配，提高产教融合的适配度。在校企交流的长效机制下，学生可以到企业或者由企业师傅带领进行专业训练，企业也可以将行业发展的技术如硬件、软件等引入课堂，激发学生的学习热情。

4. 服务地方经济，共创地方发展

应用型院校是扎根在地方上的，是服务于地方经济的，因此，学校应共创地方发展，高校行业学院的改革目的之一就是为地方经济发展及社会服务提供专业的人力资源。高校的建立与发展，与其所在城市是互相成就的，学校为地方发展提供人才。高校行业学院的人才培养是与地方政府、行业企业发展的需求息息相关的，三者只有加强合作，才能实现教学、发展、产业的利益最大化。应建立共享机制，利用互联网技术建立线上共享平台以及线下交流的共享工作机制，发挥学校的理论、人才等优势，为政府决策、企业发展提供帮助，做好智库角色；政府为地方发展听取学校与企业的建议与意见；企业为高校提供平台、实训实习机会与基地，促进学生尽快成长，三方合作共赢，为地方经济、文化等发展做出贡献。

高校行业学院在产教深度融合背景下的应用型课程体系构建，必须紧紧围绕学校所在地方的区域经济与社会发展，在遵循国家政策的前提下，根据区域优势与地方产业企业的发展需求，在地方经济发展、精神文明建设、文化发展、公共事业服务等重大事项上发挥应有的作用，促进地方经济、科技的发展。

（二）高校应用型课程的实现途径

新时代背景下，高校应用型课程强化产教深度融合是必然趋势，主要的实现途径有以下四方面：

1. 改善实践教学条件

高校行业学院的资金主要是财政拨款，但是学校各方面的建设都需要资金投入，有比较大的资金缺口。在产教深度融合的背景下，企业可以在资金与设备方面对学校进行投资，建立校内的实验室、实训室等，为学生的实践教学创造良好条件，提升实践教学的质量。高校行业学院的很多实验室、实训室都是与企业合作建立的，企业出资、出设备，学校提供场地，企业提供技术支持，学生可以在里面进行学习与练习。例如，腾讯公司建立创新俱乐部，为教学提供专业技术服务；建立校企联合实验室和协同创新实验室，为高校的教学通过云计算平台与服务，搭建学校在线实践教学云平台，丰富学校的应用型课程实践教学内容与形式；为学生申请了专门的实习岗位，丰富学生的实践经验。"在日常的教学中，实践教学非常容易被忽视，举例来说，工商企业管理在实际的教学过程中，实践教学的开展与其他学科的实践教学存在很大差距[①]。"

2. 支持学校师资建设

教师是教学的主导者，同样也是学习者，终身学习是当前教育的主流观念，作为教师也不能例外。高校行业学院的应用型课程教师承担的责任更加重大，对教师的要求也更高。因此，教师也必须时刻学习，参加企业的专业培训。在教师培训方面，企业的培训更加专业，更有针对性和适用性，所培训的内容实用性更强。例如，腾讯公司为高校教师设置了访学岗位，以腾讯内部的培训和内容来提高教师的专业能力；华为的教师认证培训除了提高高校教师的信息技术教学能力外，也为高校教师打开了新的技术大门，让高校教师在教学理念上有了更多的灵感；阿里巴巴公司为高校教师开设了"百年橙师"师资培训计划，为高校教师提供电商等专业的师资培训等，企业以自身的技术能力与经验为高校教师赋能。

3. 培养学生双创能力

创新创业是现在每个大学生必须要具备的能力之一，也是高校行业学院应用型课程的培养重点。新时代下的社会环境对学生而言有很大的吸引力，优秀的创业导师会对学生的

---

① 　王颖，陈星宇.产教融合视野下实践课程体系改革探析 [J].产业创新研究，2020（10）：195.

创业起到事半功倍的效果。产教深度融合背景下，企业可以有效地推进高校行业学院的应用型课程教学和创新创业教育教学，以建设创客空间、项目孵化园等方式为学生创业提供场地、资金、技术。与此同时，企业可以派驻相关人员作为创业导师，与学校教师一起为学生的创业提供指导，提高学校双创工作效果，为学生的创新创业营造良好环境。

4.探索全新人才培养模式

高校行业学院的人才培养不仅要提高学生的理论水平，还要加深对学生应用型课程和实践能力的培养，通过校企合作来实现这一目的，是产教融合背景下企业与高校行业学院进行人才培养的重要方法之一。例如，华为推出的"鲲鹏高校人才计划"，联合高校、教学指导委员会等组织机构，制定核心技术领域的人才培养方案和专业标准，提升高校人才培养的专业深度；腾讯公司针对高校的开发者推出"云梯计划"，为学生提供免费的腾讯云培训和认证，对学生进行系统培训，对接人才培养与岗位需求，引导学生参与互联网产业的探索，掌握前沿数字技术，为数字经济以及信息化、数字化等智慧产业的发展提供人才储备。

由此可见，产教深度融合背景下，企业与高校行业学院的校企合作方式是强化应用型课程产教融合的重要途径，也是当前高校培养复合型高精尖技术人才的重要渠道。正是因为产教融合的进一步加深，校企合作的效果才能更加突显，高校行业学院的人才培养工作更有效。

二、以高校应用型课程为实践的双师交流机制

（一）双师交流机制的主要内容

1.教学交流机制

（1）教学实训基地。校企合作需要建立教学实训基地，在建立教学实训基地时，企业协助高校一起设计建设方案，并提供一定资源支持。需要注意的是，教学实训基地的建设要以解决课程设计、高校人才培养方向、高校教学目标为目的，通过校企合作促进学校专业的快速发展。

（2）实习实训指导。实习实训指导主要包含以下两方面：

第一，学校应该与合作企业共同设计合作方案，签订协议，根据方案制订的内容开展合作计划。合作计划中应该包含参与培训的学生人数、涉及的学生专业、开展实习培训的时间、实习的主要培训内容、实习活动的负责人等信息。方案经过双方确认后，可以有效施行，实习过程中学校应该指派实习负责老师指导学生，确保学生遵守纪律和规定；企业应该指派技术出色的工程师带领学生实际操作，培养学生的动手能力。

第二，学校和企业共同开发课程、编写教材。企业派出技术一流的工匠指导学生的实习过程，灵活地为学生安排教学内容、设置教学时间，与学校的理论教师共同安排课程内

容，为学生技术培训做出有效指导，还可以指派教师到高校进行到校培训。与此同时，学校也会指派教师到企业参观学习，丰富自身的实践经验，也会要求教师承担企业的项目研发工作，帮助企业创新技术、改造产品，为企业员工的理论技能做培训。

2. 师资交流机制

（1）学校教师深入企业。教师走入企业学习实践技能、累积经验，掌握先进的知识与技术、工艺与方法，从多个方面、多个角度提升自身的能力和素养。高校行业学院会根据学校的具体情况安排一定数量的教师到企业展开定期学习，学校制定教师进企业挂职锻炼的管理条例，条例中明确规定应该优先安排没有实践工作经验的教师到相关企业展开学习，带领学生观看实际操作过程，上手锻炼学习各种技能。教师应该注重通过学习方式加深和企业之间的关联，同时提升自己的能力。具有丰富的实践操作经验的教师可以深入企业帮助企业研发项目、创新技术。

学院应定期走访和检查教师在企业的工作和学习情况，检查方面包括教师是否在岗、教师的工作内容、教师的工作纪律以及教师的工作效果。教师在实践培训之后需要填写教师进企业学习考核表，要在表格中总结实践经验，而且还要附加在企业学习实践的证明材料。例如，在实习期间完成的课题研究、课题报告或课题论文；在企业中获得的有助于教学开展的案例材料或与企业共同设计研发的培训资料；为企业员工实行的指导咨询；帮助企业解决的实际问题；与企业共同创新的基础项目；从企业接受的设备资源、资金支持等，学校的各个相关部门对教师进入企业学习的情况进行综合的考核与评定。在教师结束实践返回学校后，学校内部应该举办教师学习成果交流会，通过汇报实践成果、心得体会，促进教师之间的交流。与此同时，在交流会上应该对教师的情况给予评定：优秀的教师可以按照对学校的贡献给予相应的奖励；对于成绩不合格的教师，不给予奖励或扣除相应的绩效。

（2）企业专家进学校。企业的能工巧匠、技术专家走进学校，是作为学校的兼职教师为学生讲授实践操作技能与技术运用知识的，一般情况下，承担的是学生实训课的教学任务，企业也可以为学校推荐优秀的技术专家担任兼职教师，增加和学校的交流。学校也应该安排专职教师和企业的专家开展交流会，尤其是在学校实践课程相关的内容方面多多和企业专家进行交流。例如，实践课程的内容安排、实践教室的建立等，吸取企业专家的建议有助于顺利开展实践教学活动。除此之外，也可以安排学校专职教师和企业兼职教师互相帮扶，形成组合，取长补短。

第一，企事业单位的技术专家、能工巧匠在高校行业学院的任职条件。要具备良好的品德，有爱岗敬业的精神且具备一定教学经验，能够掌握教学方法。在学历方面应该具有本科学历或中级以上技术职称；在专业知识水平方面应该能够指导课程的开展或者是学生论文的设计。此外，任职教师应该身体健康、具备活力、爱岗敬业。

第二，企事业单位的技术专家、能工巧匠在院校任职的相关管理。兼职教师由所在院校的学院、学校教务处、学校人事处统一负责。学院按照兼职教师的管理要求建立教师档案，将所有的教师档案整合汇总到学校的人事处，由人事处统一建立兼职教师的档案库；兼职教师日常的工作管理由学院负责，学院应该每学期定期举办兼职教师交流会议，向兼职教师传达学校的具体管理条例，了解兼职教师的工作情况，总结兼职教师的工作内容；兼职教师的教学质量由学校的督导处负责；兼职教师的工作量由教务处负责，督导处还应该负责检查兼职教师的授课情况、课程设计情况、作业批改情况。

第三，外聘兼职教师的职责。教学工作量包括上课、辅导、批改作业、出试卷、批改试卷、评定成绩、试卷材料归档等。按学校的教学计划、课程标准等教学文件进行讲义组织和教案制定，按行动导向、学生主体的要求实施教学，必须备有所教课程的教案，以保证教学质量；学期第一周填写《授课进度计划》并经各院（部）审核后交教务处存档备查；严格按照课程表讲课，未经聘任学院和教务处批准，不准擅自调课、停课或更换教师，因事因病请假，复课后必须及时补课；认真进行课程辅导，作业批改；参加所授课程试卷的出题、监考、评卷等工作；在每学期课程考试结束后，按学校要求及时录入和送交学生成绩，并按照学校对试卷相关材料的要求，提供相应材料。参加各院（部）组织的集体教研活动，每学期参加教研活动不少于 4 次，并对学校的各项工作提出合理化建议，共同搞好教学活动。

3. 文化交流机制

学校与企业合作举办多样化的活动（如校企合作交流会、企业文化活动、企业调研活动、创业大赛、创业成果展示等），为高校行业学院的学生推介校企合作项目，这些活动可邀请有关部门、媒体、企业家、专家教授等前来参加。

4. 技术交流机制

校企双方通过合作开展不同类型、层次的项目，可以利用现代媒体发表合作研究的成果。校企合作通过技术交流综合各自的优势资源，在满足区域经济发展和区域需求的基础上，构建双师型的友好交流以及双向服务，通过整合教学资源、专家技术、教学场地以及教学设备，在项目中发挥出各自的优势，研制出高水平、高技能、具备创新性的技术。与此同时，积极争取相关支持政策，通过合作带动提升地方经济。学校和企业双方可以通过技术交流会议、行业交流会议等渠道介绍对方，扩大彼此的影响力。

（二）双师交流机制的组织实施

校企合作过程当中，各个学院应该和企业之间成立双师工作小组。工作小组主要负责学校和企业之间的日常联络，工作小组需要学校和企业各派出一到两名工作人员，通过联络小组交流合作计划，协调日常工作中出现的相关问题。应保持一学期至少交流三次，而且要做好交流会议的记录。学院应负责检查学院各个专业的平时交流情况，再由学校的人事处检查各个学院的双师交流情况。除此之外，各个学院还应定期到企业展开走访交流，了解企业的发展状况与需求，了解企业自身的人才需求，及时为企业提供人才培训。通过交流小组落实双师工作计划，促进双师交流机制稳定、有序发展。

三、以高校应用型课程为实践的基地共建机制

（一）校内实践教学基地

达成学校与企业的融合，共同打造"校中厂"。在校企合作过程中，让企业进入到学校当中来，企业根据生产要求，为生产车间的建设、原材料和加工产品的销售提供标准。学校根据企业提出的要求提供满足企业要求的环境、合适的地理位置和相应的设备，建立以生产为导向的培训基地和培训工厂。企业管理工厂的生产和运营，指导教师和学生的生产和实践。学校根据生产要求将动手课程整合到教育过程中，并安排学生到校内实践基地——"校中厂"实践；企业根据自身的发展情况提出人才要求，学校和企业在课程内容上共同开发实践培训课程，将企业文化、生产技术的要求、生产运营的要求等方面内容纳入培训内容中。高校行业学院应积极与企业进行合作，共同建立实习基地。

1. 建立校内实训基地的原则

建立实训基地的原则是共同建设、共同管理、共享资源和达成双赢。通过优势互补、深入发展、持续良好的合作、服务教育，积极开展实训基地的建立。从最开始的尝试发展、不断完善后，让实训基地逐步成为技术密集、高效的教育基地。在综合管理原则上，学校和企业的利益应该统一，双方有着共同的奋斗目标，共同承担责任，综合管理、综合规划、综合考核；在合作过程中，应落实校企互动的原则，实训基地是学校师生的实践平台，让所学的理论可以具体化实现。请企业优秀专业的一线人才来学校为学生提供指导，双方良好的合作互动对双方都有积极作用。学生能够在这一过程中，提升自己的实践能力，企业人才也能进一步发展。

2. 校内实训基地的资产管理

"校中厂"资产采购程序参照《校内实践教学条件建设与运行管理程序》执行，该资产列入学校固定资产，作为校产的一部分来管理。"校中厂"资产主要按照以下条款进行管理：

第一，"校中厂"固定资产的日常维护是使用单位应该完成的工作。使用单位提出维护和翻新项目，经过有关上级部门批准后，由资产管理部门执行。维护"厂中校"的固定资产是企业的责任，设备改进项目则通过谈判另行处理。

第二，校企合作项目的资产转移到学校并在学校资产管理部门注册。与此同时，应对资产管理台账做出更改，以使资产管理台账、卡片和材料匹配。从原则上而言，不允许将校企项目资产转移出校。如有必要，应根据设备变更处理相关的设备，按照转移程序依法进行，如果是长期转移，则应及时做出注销。

第三，"校中厂"资产处置应按照有关学校产品处置的有关规定和程序进行，并提交给供应商备案，按照企业资产处置程序执行"校中厂"资产的处置，并提交给学校备案。

3. 校内实训基地的绩效考核

为了推动"校中厂"实训基地健康发展，保证"校中厂"实训基地运行质量，学校每年按照《合作协议书》和"校中厂"实训基地考核标准对"校中厂"实训基地进行考核。考核结果作为"校中厂"实训基地是否继续运营的依据，也作为是否与原协议人续签的依据（原则上考核结果不低于 70 分）。"校中厂"实训基地考核标准如下：

第一，人才培养（分值 20），按合作协议提供足够的学生实习实训岗位，产教深度融合，落实"两对接"（课程内容与职业标准、教学过程与生产过程）。

第二，双师双向（分值 20），专任教师与企业技术人员对接与互通，打造双师结构教学团队。

第三，教科研（分值 20），构建校企教学研究团队和技术创新团队，共同开发和实施工学结合课程、开展技术研发。

第四，交纳费用（分值 10），根据合作协议向学校按时交纳有关费用。

第五，合法经营（分值 10），生产经营符合相关法律和学校规章制度。

第六，安全生产（分值 10），符合安全生产要求，杜绝生产安全隐患。

第七，现场管理（分值 10），符合现场管理要求和条例。

（二）校外实践教学基地

学校应和企业合作，共同建立可供学生实习的校外实习基地，为学生提供机会实习，为学生今后就业形成优势。企业提供培训中心和培训条件，让专业的人才对学生进行培训管理，根据企业的生产需求建立生产性培训基地，建立内部学校培训室，并可以让培训室成为学生进行实践的生产车间。"厂中校"以企业为主要管理机构，并将其整合到企业的各个流程计划中，企业与学校共同制定学生的培训课程内容，以及学生的实践活动。为了使学生的职业技能与企业职业技能匹配，学生的实习培训环境与企业生产环境相吻合，教师和企业领导应共同开展教育任务。

四、以高校应用型课程为实践的学生就业机制

（一）就业机制的分类

1. 就业工作机制

高校行业学院的办学方针就是以就业为指导，需要将学生的就业工作放在重要位置。产教深度融合既是实现高校与企业之间的共赢，还是实现高校与企业可持续发展的重要途径。高校认真落实就业工作重心，明确校院两级工作职责，加强目标管理。企业提供生产

标准，参与人才培养方案的制订，参与课程开发，安排学生顶岗实习，提供就业岗位，反馈毕业生信息，积极与学校开展合作育人、合作办学，提升学生就业能力和就业质量。高校应强化职业生涯规划和就业指导课的师资队伍以及学生就业服务指导中心，提供就业信息，开展就业咨询；提高学生就业奖励基金和创业基金额度，扩建学生创业园，搭建创业平台，开展创业教育，提升学生的创业能力；建立毕业生跟踪调查制度，及时调整培养方向，适应企业要求。

2. 就业反馈机制

学校应该对学生的就业工作进行全面调查。除了做好市场需求分析以外，还应该调查好学生的就业意向，可以通过调查问卷的方式完成。通过调查多年来毕业生的工作意愿、就业变化选择，以及回访各专业的毕业生，收集企业对毕业生的工作满意情况，形成有参考价值的分析数据。因此，可以有针对性地促进就业指导发展，更好地完成学生们的就业工作。在其中，对过往毕业生的跟踪调查是非常重要的环节，调查他们对于毕业后的工作满意情况，学校应该编制关于最近几年毕业生就业质量的报告，将形成的报告上传到省教育厅就业指导中心。

（二）就业机制的构建

1. 进一步完善保障机制

在高校行业学院实现产教深度融合的过程中，政府的政策支持还不够，形成的指导体系也不够科学高效。总而言之，现在的情况是产教融合的效率很低。为了应对这种情况，首先，必须建立和完善产教融合的保障机制，为高校行业学院提供可靠的制度基础，在实行产教融合的过程中坚持做到遵守法制。只有通过这一做法，才能保证生产与教育的融合落实下去。其次，应该建立良好而有效的实践制度。建立相关制度可以增加投入的有效性，以确保学习对人才的培训有效。同时，还应该通过立法确保高校行业学院的重要地位，产教融合应该落实到高校行业学院的各个方面中。最后，应该建立起现代的高校行业学院教育体系，指导高校行业学院进行专业管理，指导应用型课程进行企业实践和教学的结合，为其发展指明方向。

2. 多样化合理分配资源

高校行业学院实现产教融合的一大前提是具备一定的经济基础，高校行业学院教育需要改革，而教学改革能够取得有效进展的支撑就是足够的资金支持。因此，如果要确保应用型课程教育产教融合的发展能够有效运作，应该从以下两方面入手：首先，有必要确保资金来源的渠道足够多，资金来源的多样化能够确保资金链不会突然中断；其次，应该进行多样化的资源分配，以确保各级职业学院和行业组织的有机整合，彼此互补，共享资源，实现生产与教育的真正融合，并为企业发展做出更多贡献。因此，资源多样化配置机制的设置非常重要，这能够满足企业人才需求，缩小实际教育方式与现实之间的差距，整合资源，促进校企和社会组织进一步合作，促进应用型课程产教融合科学合理发展。

3. 全力建设综合服务中心

高校行业学院的建立是可以为当地经济发展做出贡献的，农村经济发展都是相对薄弱的地方，应该积极促进产教深度融合，全力推进农村经济建设服务中心的建设，并不断完善。与此同时，随着产业结构的发展，高校行业学院也需要适应当地经济发展而及时做出调整，满足当地的人才需求，做出相应的调整措施以深化教育改革。高校行业学院的发展是汇聚当地政府、当地企业以及高校本身三位一体的共同发展，三方共同为了当地发展做出贡献。

4. 推动校企深度融合发展

通过学校和企业的合作，共同开发所需课程，研发的课程应与社会的实际需求接轨。双方积极开展合作，共同确定课程标准，共同开发互利的新课程，共同编写教科书、学习资料书，创建评估规范，并建立可供学生练习的题库。研发所建设的课程内容应能够反映实际情况，实现教育内容与生产实践以及所学专业的融合。

五、以高校应用型课程为实践的合作激励机制

校企合作激励机制是指根据学校和企业的具体需求，在实际合作的过程中充分考虑内外积极因素，利用一切可利用的方法，不断提高积极性和合作动力的系统方法。校企合作激励的主要目的是为了激发合作团队成员的正确行为动机，调动其积极性和创造性，充分发挥智力效应的迭代效果，做出更大的成绩。

（一）校企合作激励机制的特点

参与校企合作的团队是校企合作平台的基本组成部分，校企合作激励机制的对象也主要是参与合作的团队及其成员。校企合作的团队主要是由学校师生和企业的相关成员共同组成，双方成员以任务为导向，以实现共同目标为最终目标，全体成员通力合作，实现人力、智力、财力和信息的重组优化、有效组合的多功能团队。

1. 合作团队的特点

（1）扁平化的结构组织。参与合作的团队一般是一个特殊的、临时的团队，团队因为合作项目而产生。从组织形式而言，合作团队是跨组织的团队，文化差异较大；从构成而言，合作团队主要由学校师生和企业的团队成员构成；从结构而言，合作团队的组织机制和性质决定了合作团队应对团队成员充分授权，团队成员可以有充足的发挥空间，对合作创新所面临的问题进行充分决策，这属于典型的扁平化结构。结构的扁平化使得合作团队的管理范围和跨度得以拓展，避免冗余的审批沟通环节，增强工作的协同性，产生比单个主体简单加总更大的价值。此外，团队中每个成员的人事关系依然属于原单位，对项目研发中出现的问题有充分的发言权，彼此之间都是独立的，是一种相互鼓励、相互切磋、相互促进的平等关系。

（2）知识结构合理。学校的师生和企业的工作人员在参与合作团队之前有着不同的工作经历和工作经验，也有着不同的知识结构与技能基础，双方的搭配组合使得合作团队实现了知识互补，知识结构多样化，从知识结构和技术储备方面为合作项目及任务的完成提供了保障。更为重要的是，团队成员之间正式的和非正式的沟通交流，有利于团队成员之间思维碰撞，调整工作思路和方法，激发出新的思路和灵感，为项目任务的保质保量完成产生积极的影响。

（3）合作与竞争共存。团队成员处于各为其主的合作状态，合作的目的是完成各自的任务，双方成员都会尽自己最大努力进行探讨合作。团队成员也会努力工作以期得到认可，彼此之间又存在着竞争的关系。因此，合作和竞争是共生并存的关系，任何团队组织如果没有了合作和竞争，那么这个团队也就失去了活力，校企合作过程中团队的竞争是一种合作性的良性竞争。

2. 合作团队成员的特点

（1）人员素质相对较高。能够参与到合作中来的团队成员的学历和文化层次相对较高，而且都具有较为专业的知识背景和技术能力，其中不乏行业内的学术带头人。由学校师生和企业研发人员组成的合作团队有各自的工作习惯和特点，注重自我管理和启发，对工作有较强的责任心和忠诚度。

（2）进取心强烈，具有开拓创新精神。从事项目研发创新活动的人员应不断更新自己的知识储备，否则思维就会僵化，创新能力就会减弱。能够长期从事研发工作的人员应具有保持自身优势和价值的方法和良好习惯，并具有强烈的进取心和学习欲望，对未知的领域和困难保持较强的好奇心。这些特征都非常有利于完成校企合作项目。

（3）需求层次较高。团队成员将攻克难题看作一种乐趣，注重自身素质的提升和自我价值的实现，从具体的合作中体会成功带来的喜悦，从而实现更高层次的价值需求，校企合作运行阶段的分析会、认可、参与决策等是激励他们的重要因素。

（二）校企合作激励机制的因素分析

1. 校企合作项目的需求因素

（1）充足的资源补给。学校和企业选择合作，是因为单方面的资源不能满足各自的需求，或者因为自身目标的追求对资源有更高的需求。在双方合作的过程中，应满足所需资源，否则就会导致创新不足，校企合作平台就不会发挥功效。

（2）科研氛围的营造保持。严谨、浓厚的科研氛围对合作团队而言至关重要，只有形成了较为成熟的科研氛围和科研习惯并保持和持续，才能激发团队的集体智慧，为合作创新提供智力保障和环境烘托，显著提升合作效果。

（3）公平合理的评价体系。团队的合作效果最终要依靠评价来确定，评价的指标主要包括：成员的努力水平、成果产出量化、研发成果的数量和价值等。评价指标要适当、合理，只有评价得合理，才能及时、准确地衡量合作团队的创造能力，纠正平台的偏差和潜在风险。

2. 合作团队成员的需求分析

（1）薪酬是合作团队成员需求的基本需求。薪酬激励对大部分成员都是有效的，尤其是针对普通的科研工作者和基层的企业工作人员，在当今社会压力的影响下，经济性报酬依然是改善生活最主要的来源，在各种需求中处于重要位置。确立薪酬体系的基本步骤应包括：首先，对双方员工的薪酬现状进行调查，尤其是相关行业的薪酬制度和薪酬水平；其次，确定成员的绩效标准，可以采取双方独立核算和制定标准，也可以保证合作成员在原单位领取薪水的基础上，根据项目的进度进展和效益来评定绩效标准；最后，设计薪酬结构，包括基本工资、绩效、福利以及各自的分配比例。此外，薪酬激励还需要依据团队成员职位变迁、工作经验的积累、需求层次的变化适时进行调整。

（2）表扬、奖励、认可、肯定和尊重是合作成员的更高层次的需求。学校和企业联合组成的研发团队，是涉及双方合作的组织，成员来自不同的组织，具有不同的企业文化和认知差异。团队成员之间只有相互鼓励、尊重，才能营造良好的合作氛围，既有利于团队成员的向心力和凝聚力，也有利于自身创造力的发挥。如果满足尊重的需要，便会激发出个体无限的热情和主动性。

（3）自我实现是最高层次的需要。团队成员的个人理想和价值追求是促进其不断创新创造的不竭动力，有时甚至表现为自我超越。在组成合作团队时，就需要将不同的成员放到合适的工作岗位上，尽量使每位成员都能做自己感兴趣的工作，实现情绪的愉悦和满足自我实现的需求。

3. 校企合作平台的激励因素

（1）具体的激励因素分析。一方面，薪酬激励，经济报酬类的激励因素是团队成员最主要的需求和刺激因素，也是非常有效的激励手段。薪酬不仅是生活的基本需要，也是对成员个体的能力和价值的认可，代表着社会地位的高低，是个人价值实现最直观的体现。另一方面，资源激励，合作团队成员来自不同的组织，构成比较复杂，资源的需求也比较复杂。例如，学校科研人员需要的是资金、设备以及一线的实践经验，企业科研人员需要完整的理论体系的引导以及学术前沿的把握等。

（2）抽象的激励因素分析。物质激励是提高成员生活质量的重要因素，精神激励则是调动成员积极主动性和激发责任心的重要因素，主要包括机会发展的平台和文化的熏陶等。这两种激励因素使得员工的个人发展空间和成长得到保证，机会主要包括学习、培训、晋升、决策以及获得授权的机会等，并将通过完善制度来保障这些机会，使合作团队能够保持积极向上的文化氛围和正常运转的动力。

（三）校企合作激励机制的原则

第一，集体目标与个体目标相结合的原则。在校企合作激励机制构建中，目标的设置需要考虑集体目标和个体目标设置的合理性，只有同时体现二者的需求，才可以大幅提高团队的生产效率。

第二，具体激励与抽象激励相结合的原则。具体的物质激励手段是基础，抽象的精神激励手段是根本，两者有机结合的基础上，要逐步过渡到以抽象的精神激励手段为主。

第三，惩恶扬善和公平合理相结合的原则。激励机制的主要目的是为了引导团队成员自觉传承和表现出好的行为，放弃不利于团队的不好的行为。因此，激励机制就必须严格区分正向激励和负向激励，要表扬奖励符合组织目标的行为，惩罚违背团队原则的行为，而且奖励和惩罚措施要做到公平、适度、合理。

第四，民主公开和机会均等相结合的原则。激励对象的选择要做到民主公开、机会均等，激励的目的要明确、方法要恰当、机会要均等，民主性、公开性和均等性与激励产生的效果和心理效应成正比，只有这样才能达到激励的目的，否则，激励反而会起反作用。

第五，时效和按需激励相结合的原则。激励措施的实施需要选择合适的时机，越及时越有时效性，则效果越好，越有利于团队成员的自我激发和创造力的持续发挥。在激励时，应当充分考虑成员的不同的需求，只有满足了不同成员的最迫切的需求，激励的效用和强度才能达到最高。例如，针对临时组建的校企合作团队，缺乏双方人员的彼此了解和熟识，就可以组织一些面向集体的拓展培训活动，使团队成员在共同的团体互动中体会团队的凝聚力，增加对彼此的熟悉程度，尽快进入无缝合作状态。

（四）校企合作激励机制的实践

为了实现深层次的校企合作，推动校企合作有效进行，调动内部人员参与的积极性和主动性，构建高效合理的激励机制已经是大势所趋。主要可从以下方面着手：

1. 构建多元化的激励主体

在构建校企合作的激励机制时要构建多元化的激励主体，尤其是政府要强化激励主导地位，明确学校和企业在合作过程中的主体地位，并充分建立和发挥社会组织的桥梁和纽带作用，强调政府在激励机制中的主导地位。高等教育培育的人才属于准公共产品，学校与企业的合作有利于这些准公共产品的产生，应通过政府的各种职能手段进行调控和配置，高校行业学院在很大程度上就是政府对资源和政策进行配置后的结果。因此，作为公共资源的保护者和公共政策的制定者，应当突出政府在校企合作中统筹发展的主导地位，发挥协调、推动和监督的作用。主要可从以下三方面着手：

第一，政策引导。学校和企业的发展以及校企合作的发展都离不开政府的支持，在学校与企业合作的激励机制构建中，政府应成为激励机制的上游或处于主导地位，为校企合作提供政策激励引导。具体而言,政府应通过正式的政策文件确立校企合作的社会地位,明确鼓励支持的态度,并大力宣传报道优秀、典型的校企合作案例,制定相关的优惠政策和奖励措施,以提高学校和企业的知名度和公信力,调动双方合作的积极性。

第二,资金投入。政府为学校办学提供资金支持属于政府的基本工作之一,体现了政府对学校办学的主导作用。政府还可以以自身为桥梁,联系企业和学校促进二者的合作,鼓励企业以及其他社会力量为学校办学提供资金支持,缓解政府自身为学校提供资金的压力。

第三,监督管理。学校与企业合作的顺利进行,离不开各级政府的监督管理。政府应设立中央、省(自治区、直辖市)、地级市、县(乡)四级专职组织管理机构,承担校企合作平台的第三方监管工作。政府机构应联合教育、财政、人事、发展改革委员会、工商等部门共同成立校企合作指导委员会,制定合作办学的措施和发展规划,解决实际合作过程中的问题,定期对校企合作的成功案例进行推广和评优奖励。学校和企业也应该相应地成立校企合作办公室开展对口对接、联系沟通、整体评估等工作。

2. 明确学校和企业的主体地位

校企合作的主要目的之一是为了培养具备综合素养的技术型人才,这也是校企合作主体的主要职责。政府虽然在校企合作过程中处于主导地位,但是学校和企业这两个主体的地位依然不可动摇。在校企合作的实际开展过程中,在强化政府主导地位的同时,还需要明确学校和企业实施主体的地位,秉承互惠互利的原则,实现双赢。

第一,从学校的角度而言,我国的高校社会地位普遍偏高,学校固化于自己的社会地位,地方性质的应用型学校能够联系到的企业资源有限,也没有国内知名学校的竞争力。对于地方应用型学校而言,更应该发挥自身的主动性。学校想要和企业之间展开深入的合作,需要做到以下四个方面:

首先,要从社会层面改变对大学地位的认知,客观地评价大学的社会地位,学校更应该认清自己的发展定位,主动走出校园寻求能够促进学校发展的资源,为社会提供更多优质的服务,与此同时,也提高学校项目科研的转化率;其次,学校在谋求企业合作时应该注意寻求适合自身特色办学的企业,避免同类项目扎堆,学校应该办出自身的办学特色,为社会提供符合需求的人才;再次,高校应该与社会保持紧密的联系,与社会发展同步,传统的学校办学理念、管理模式、教学方法都很难适合如今的社会发展需求,学校应该改变教学体系、管理体系,寻求与社会同步;最后,学校要主动联系和学校发展相吻合的企业,寻求企业的资金支持、设备支持以及场地支持。总而言之,学校应该创新自身的办学理念、培养体系、教学方式,全面地和社会发展接轨、同步,积极联系社会企业,谋求学校的快速发展。

第二,从企业的角度而言,我国的大部分企业对校企合作的参与度和积极性不高,主要有两个原因：首先，企业的根本目的是为了实现利益最大化，企业参与校企合作时必然会计算自己的投入和产出比，达不到预期可能会放弃合作，而实际的校企合作存在着很多不确定的风险，大部分项目的市场估值不可准确预期，企业为了避免风险和责任，一般会保守地选择不合作；其次，校企合作过程中，学校一般处于优势地位，企业出于从属地位。因此，校企合作必须要从调动企业的积极性方面着手，学校从合作姿态、合作项目管理、利益分配等方面强化平等理念，政府对参与企业给予一定财政补贴、政策优惠税收减免和精神激励，还应该从法律法规等方面规定和引导企业的社会责任感，以此加强企业参与校企合作的意识和明确对社会的责任和义务。

（五）校企合作运行阶段机制

1. 发挥组织桥梁和纽带的作用

行业协会是以行业为基础，为行业内部的经营者提供信息咨询、行业服务以及协调监督行业，处于政府与企业之间的非官方社会组织。行业协会的存在有效促进了企业和学校之间的沟通，是二者之间沟通的桥梁，有效促进了校企合作以及产学研合作。对于学校而言，行业协会的存在极大地帮助了学校了解行业需求，促进学校更改自身的教学内容、培养方式；对于企业而言，行业协会的存在有效地监督了行业发展，协调了各个企业之间、校企之间的关系。行业协会对校企合作的作用主要表现在以下三个方面：

（1）行业协会能够指导行业教育。行业协会相当于是行业内部的指导委员会，对于行业而言，如果想稳定持续地发展，就需要技术的创新、项目的科研研究，学校可以为行业提供项目研究。作为行业和学校之间的桥梁，行业协会必须强化自身的管理，充分发挥自身的职能作用，统筹各个企业。与此同时，和政府部门、学校展开密切的联系，遵照地方整体经济发展目标，协调行业内部发展，和学校之间展开定期的合作，为学校和优势企业之间建立联结，发挥自身的影响力，促进校企合作有效开展。

（2）行业协会能够进行资质认定。行业协会可以认定企业资质与学校资质，在学校和企业加入校企合作前，行业协会可以对学校以及企业展开调研，考查企业和学校的资质。资质考查主要是为企业以及学校之间展开合作与选择提供信息参考，这种认证可以是官方认证，也可以是非官方认证，主要是为了增加学校和企业之间的信任。通过考查符合行业研发与人才培养需求的学校可以进入校级合作范畴，企业需要满足学校对企业规模状况、管理情况、经营情况、口碑情况的要求，才能进入校企合作范畴。在校企合作范围之内的行业和学校，行业协会应为其制定合作方向、合作内容，有效地缩短二者在寻求合作伙伴的过程中挑选和调查的时间。

（3）行业协会能够扩大校企合作的范围。政府应对行业协会的工作给予支持和认可，也可以适当地监督行业协会的发展。行业协会的出现有效地帮助学校和企业之间建立合作，是企业和学校之间重要的沟通桥梁。

2. 提高学校的自身能力和吸引力

校企合作是一项涉及多个主体的大工程。学校为了加强和吸引与企业的合作，必须对自身的能力加以提升，并凸显企业参与合作的主体地位。学校在这个过程中应主动适应校企合作的模式，对企业在合作中的地位给予充分的认同，在全校范围内形成积极的校企合作文化，确立学校和企业合作的双主体地位；改革对人才的培养体系，加快学校实验基地的建设，促进学校和企业之间的资源共享；加快改革速度，建立健全学校的管理体系，创新学校的教学机制，教学内容的确立需要和企业的需求相结合，满足企业对学校的知识需求，为企业提供更多符合需求的人才；与企业之间展开定期交流和调研，开发企业需求的课程，为企业和地区的经济发展培养定型化的新兴人才；加强学校师资队伍的建设，调动教师的工作积极性，鼓励教师走入企业，也主动邀请企业经验丰富的工程师到学校来授课、教学，培训学校教师的实践应用能力，满足企业对科研方面的需求，以及学校对学生实践的基本需求。

总而言之，在校企合作中，学校应积极建立合作途径，丰富合作方式，整体提高自身的实力，和企业之间建立切实有效的合作，以宽广的胸怀开展合作，发挥自身合作的主体地位，构建和谐的合作关系。

3. 调动各方参与的积极性

完善的激励制度是保证合作主体利益实现的重要保障。合理的制度体系应具有三个特点：第一，规制性，即制度必须基于一定规则，对成员主体的行为具有制约和调节的作用，在实施的具体过程中具有监督作用，对于行为的结果具有奖励和惩罚细则；第二，规范性，即对于固定行为具有固定的操作程序，同时强调过程、方式方法和评价的统一性；第三，文化认同性，即制度的构建要基于主体行为的文化背景和认知水平，强调统一共通性。校企合作激励机制的完善主要基于以下两方面：

第一，健全经费保障制度。经费不足是学校办学过程中面临的主要问题，充足的经费不仅是学校办学的基础，也是校企合作的前提和基础。构建校企合作激励机制要以健全经费保障制度为保障，建立校企合作的专项基金。与此同时，学校自身主动寻求资金筹集的多渠道化，解决资金问题。

第二，健全监督制度。校企合作需要第三方的监督机构监督利益分配，第三方的机构可以由政府建构，也可以由社会机构建构。第三方机构的主要功能是对校企合作全程监督，保障校企合作利益的平均分配，为校企合作保驾护航。

参考文献

[1] 陈新民，余丰民. 我国行业学院研究 10 年：热点与趋势——基于 CNKI 来源期刊的文献分析 [J]. 浙江树人大学学报，2019（3）：87-93.

[2] 陈毅."自我实现伦理"达成共同体共识所依赖的自我哲学基础 [J]. 江苏行政学院学报，2019（6）：87-94.

[3] 窦红平，邵一江，李本友. 产教融合背景下高等职业教育应用型课程建设 [J]. 教育与职业，2019（15）：92.

[4] 顾志祥. 产教融合型企业建设的政策演进与路径优化 [J]. 教育与职业，2020，（14）：56-61.

[5] 贺星岳. 现代高职的产教融合范式 [M]. 杭州：浙江大学出版社，2015.

[6] 华婷. 高校"产教融合、校企合作"的困境及出路 [J]. 中国高校科技，2017（11）：56-57.

[7] 黄琳，隋国辉，王榕. 应用型转型背景下高校产教融合困境的破解机制研究 [J]. 黑龙江高教研究，2019（2）：89-93.

[8] 黄艳. 产教融合的研究与实践 [M]. 北京：北京理工大学出版社，2019.

[9] 蒋新革. 产教融合视域下产业学院治理体系建设研究 [J]. 职业技术教育，2020，41（24）：30-34.

[10] 李宝银，方晓斌，陈美荣. 行业学院的功能分析与建设思路 [J]. 教育评论，2017（9）：14-17.

[11] 李军鹏，徐航，吴紫薇. 新时代高校教育的发展与创新 [J]. 食品研究与开发，2021，42（20）：252.

[12] 李永芳. 基于华为 ICT 学院的通信技术专业校企多维度合作的研究与实践 [J]. 电脑知识与技术，2020，16（6）：237.

[13] 李志明. 构建职业教育产教融合共同体的思考 [J]. 中国经贸导刊，2019（2）：126-127.

[14] 李滋阳，李洪波，范一蓉. 基于"教育链—创新链—产业链"深度融合的创新型人才培养模式构建 [J]. 高校教育管理，2019，13（6）：95-102.

[15] 路华. 基于信任的产教共同体建设路径与实践——以阳光学院为例 [J]. 菏泽学

院学报,2019（6）:62-67.

[16] 罗丽,涂涛,计湘婷,等.产教融合背景下开展高校人工智能师资培训的实践探索 [J].计算机教育,2021（6）:110-114.

[17] 吕海舟,杨培强.应用型跨界人才培养的产教融合机制设计与模型建构 [J].中国大学教学,2017（2）:35-38.

[18] 潘雅芳.行业学院产教融合应用型人才培养模式内涵建设探索研究 [J].高教学刊,2020（25）:169.

[19] 史庆滨.产教融合背景下职业院校教师服务企业研究 [J].教育与职业,2020,（13）:64-68.

[20] 仝月荣,肖雄子彦,张执南,等.产教深度融合背景下项目式教学模式探析 [J].实验室研究与探索,2021,40（7）:185-189.

[21] 汪旭晖,李晶.一流学科群引领的产教深度融合机制与路径研究 [J].江苏高教,2020（7）:62-70.

[22] 汪焰.产教融合与校企一体化的路径分析 [J].浙江工贸职业技术学院学报,2015,15（2）:1.

[23] 王琛.高职产教深度融合的创新与实践 [J].中国高校科技,2018（7）:59-61.

[24] 王莉薇.共享发展视角下高校教育与产业深度融合机制研究 [J].商业文化,2021（33）:63.

[25] 王颖,陈星宇.产教融合视野下实践课程体系改革探析 [J].产业创新研究,2020（10）:195.

[26] 魏洁云,赵节昌,贾军.探索产教深度融合协同育人之路——以"区块链技术"为契机的分析 [J].中国高校科技,2020（5）:69-72.

[27] 徐金益,于竞.应用型本科高校转型初期产教深度融合的实现路径 [J].教育与职业,2020（13）:46-50.

[28] 徐小龙,朱捍华,邹仲海.基于产教融合的高校与银行协同育人机制创新研究 [J].金融理论与实践,2018（9）:57-61.

[29] 徐绪卿,金劲彪,周朝成.行业学院:概念内涵、组织特征与实践路径 [J].浙江树人大学学报,2018（1）:1-6.

[30] 徐正兴,顾永安.地方本科院校行业学院的定位与展望 [J].职业技术教育,2017（22）:48-52.

[31] 许士密.行业学院模式下地方高校产教融合专业群建设研究 [M].青岛:中国海洋大学出版社,2019.

[32] 薛勇. 产教深度融合：高校人才培养模式的制度生成 [J]. 中国高等教育,2020（10）:58.

[33] 张根华,冀宏,钱斌. 行业学院的逻辑与演进 [J]. 高等工程教育研究,2019,174（1）:67-70+75.

[34] 张君. 协同育人视域下应用型高校产教融合创新研究 [J]. 教育与职业,2020（19）:51-55.

[35] 张晞,张根华,钱斌,等. 行业学院模式的产教融合共同体——以常熟理工学院光伏科技学院为例 [J]. 高等工程教育研究,2021（05）:130.

[36] 郑艳秋,周林娥,贾光宏. 产教共同体：内涵价值、问题困境与路径优化 [J]. 职业技术教育,2019（35）:6-9.

[37] 周志刚,米靖. 职业教育教师培养制度与机制创新 [M]. 北京：北京师范大学出版社,2013.

[38] 朱士中. 应用型本科人才培养的机制与模式创新——以常熟理工学院行业学院探索为例 [J]. 江苏高教,2016（5）:80.